中等职业教育改革创新示范教材
旅游类专业课程改革成果教材

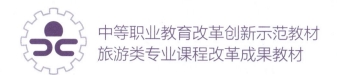

中餐服务

（第二版）

主　　编　张建国
执行主编　杨富荣　孙文欢

高等教育出版社·北京

内容提要

本书是中等职业教育旅游类专业核心课程系列教材之一，依据《浙江省中等职业学校旅游服务与管理专业教学指导方案与课程标准》的基本要求，在第一版基础上修订而成。

全书包括十个项目，即餐前准备、托盘训练、餐巾折花、餐台布置、预订服务、餐前服务、席间服务、酒水服务、菜肴服务、结账服务。本书旨在让学生从整体上对中餐服务的流程有初步的认识，对中餐服务的各岗位工作要求基本熟悉，具备从事中餐服务的基本职业能力。

本书配有在线开放课程、微视频、教学设计和演示文稿资源，获取相关资源的详细说明见本书配套资源说明页及郑重声明页。

本书可作为中等职业学校旅游类专业教材，也可作为旅游行业岗位培训教材。

图书在版编目（C I P）数据

中餐服务 / 张建国主编. -- 2版. -- 北京 : 高等教育出版社，2022.3
ISBN 978-7-04-057269-8

Ⅰ. ①中… Ⅱ. ①张… Ⅲ. ①中式菜肴－餐馆－商业服务－中等专业学校－教材 Ⅳ. ①F719.3

中国版本图书馆CIP数据核字(2021)第227051号

Zhongcan Fuwu

策划编辑 王江华　责任编辑 曾 娅　封面设计 李小璐　版式设计 杜微言
插图绘制 杨伟露　责任校对 吕红颖　责任印制 朱 琦

出版发行 高等教育出版社
社　　址 北京市西城区德外大街4号
邮政编码 100120
印　　刷 北京市联华印刷厂
开　　本 889 mm×1194 mm 1/16
印　　张 12
字　　数 250千字
购书热线 010-58581118
咨询电话 400-810-0598
网　　址 http://www.hep.edu.cn
http://www.hep.com.cn
网上订购 http://www.hepmall.com.cn
http://www.hepmall.com
http://www.hepmall.cn
版　　次 2010年1月第1版
2022年3月第2版
印　　次 2022年3月第1次印刷
定　　价 28.80元

物 料 号 57269-00

本书配套的数字化资源获取与使用

在线开放课程（MOOC）

本书配套在线开放课程“中餐之旅”，可通过计算机或手机 App 端进行视频学习、测验考试、互动讨论。

- **计算机端学习方法**：访问地址 http://www.icourses.cn/vemooc，或百度搜索“爱课程”，进入“爱课程”网“中国职教 MOOC”频道，在搜索栏内搜索课程“中餐之旅”。
- **手机端学习方法**：扫描下方二维码或在手机应用商店中搜索“中国大学 MOOC”，安装 App 后，搜索课程“中餐之旅”。

扫码下载 App

中餐之旅

Abook 教学资源

本书配套电子教案、教学课件等辅助教学资源，请登录高等教育出版社 Abook 网站 http://abook.hep.com.cn/sve 获取相关资源。详细使用方法见本书“郑重声明”页。

注册 **登录** **绑定课程**

访问网站 abook.hep.com.cn/sve
自行设定用户名、密码，留下常用邮箱

需匹配用户名
密码、验证码

输入教材封底所附学习卡
上的密码，免费获取资源

扫码下载 Abook App

二维码教学资源

本书配套微视频等学习资源，在书中以二维码形式呈现。扫描书中的二维码进行查看，随时随地获取学习内容，享受立体化阅读体验。

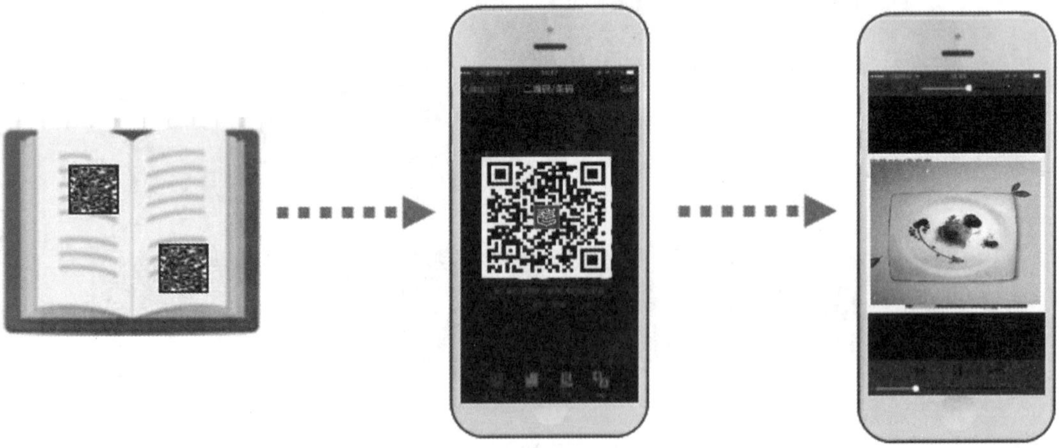

打开书中附二维码的页面　　扫描二维码　　查看相应资源

扫一扫，学一学

浙江省中等职业教育旅游类专业
课程改革教材编写委员会

主　　编： 张建国

执行主编： 杨富荣　孙文欢

编　　者： 张建国　杨富荣　孙文欢　郑燕菲　何　勇
张　屹　张楠宁　邵　吉　楼小青

第二版前言

本书是中等职业学校旅游类专业的核心课程教材，是在2010年版的基础上修订而成。

为贯彻落实《职业教育提质培优行动计划（2020—2023年）》，深化职普融通、产教融合、校企合作精神，关注并研究解决中职教育在教师、教材、教法中存在的问题，抓住中职院校教学改革的“牛鼻子”，适应饭店行业发展新动态，满足饭店人才培养新需求，我们对教材进行了修订，修订后的主要特点如下：

1. 梳理结构，凸显类型教育

本次修订将体例调整为情境导入、任务学习、知识链接、活动体验、技能实训五个环节。将原书基本技法中的操作技能和知识链接中的理论知识环节进行梳理，整合为任务学习，知识与技能不再分割而是合理地融合，更符合教学的逻辑性。同时补充了拓展内容作为知识链接，增设了活动体验环节，以检测、巩固课堂知识，删除了网络链接、训练心得与个人感悟等冗余内容。

2. 对接行业标准，培养学生职业能力与素养

与行业相应的职业资格标准相衔接，培养学生的职业能力和职业素养。增加了服务人员素质要求内容；结合全国职业院校技能比赛要求，将技能进行分解，强化技能实训；调整项目四餐台布置内容，将铺台布和餐具摆放单列任务；将强化训练环节修改为技能实训，重点强化技能实操。传承工匠精神，展示饭店行业的优质服务技能。

3. 数字赋能，衔接行业动态

与时俱进，更新教学内容，融入新技术、新规范。替换了不清晰的、过时的图片，展示行业新变化，增加了主题宴会、移动支付等内容，配套了在线开放课程、微视频、教学设计、演示文稿

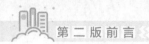

等辅助的数字化教学资源，方便学生随时随地学习，教师备课。

本书建议学时数为108，具体分配如下表（供参考）：

教学项目	项目内容	建议学时数
项目一	餐前准备	4
项目二	托盘训练	12
项目三	餐巾折花	20
项目四	餐台布置	28
项目五	预订服务	4
项目六	餐前服务	6
项目七	席间服务	6
项目八	酒水服务	16
项目九	菜肴服务	8
项目十	结账服务	4
合计		108

本书由张建国任主编，杨富荣、孙文欢任执行主编。本次修订由孙文欢负责修订项目一、项目二、项目三、项目四、项目八、项目九，郑燕菲负责修订项目五、项目六、项目七、项目十。在本书修订过程中，与行业企业优秀的技术人员合作，力求反映学科发展前沿与社会进步。其中，杭州开元名都大酒店提供了数字资源拍摄场地，很好地体现了产教融合，校企合作，在此表示衷心感谢。

由于编者水平有限，书中问题与不足期待共同研讨，希望专家与读者不吝赐教。本书读者意见反馈邮箱为zz_dzyj@pub.hep.cn。

编者

2021年8月

第一版前言

中餐服务是旅游行业中饭店服务的重要组成部分。它对旅游者及一般顾客的服务质量直接影响着饭店的经济效益和社会效益。在本书的编写中，突出以旅游行业需求为基础、以提高学生实践能力为导向，致力于满足学生职业生涯发展的需要，对本书的体系和框架结构进行了创造性的设计和处理，使之符合中职学生的学习需要。

本书合计十个项目，每个项目由若干任务组成，并在每个任务中设计了情境导入、基本技法、强化训练、效果评估、知识链接、网络链接、训练心得与个人感悟等。

本书体例新颖、图文并茂，注重学习的自主性和学生活动的参与性。在编写过程中力求体现以下特点：

1. 趣味性

在本书编写过程中力求具有一定的趣味性，以一个新员工 Smile 进入中餐厅服务岗位所遇到和所学习的知识和案例为线索，将各个知识点串联起来，具有一定的故事情节，易于引发学生的学习兴趣，增加可读性。

2. 实践性

本书以基本技法、强化训练为主，让学生通过训练掌握各种餐厅服务技能，理论联系实际，同时也强调学生的参与性。强化训练包括准备目标、准备步骤以及效果评估，保证强化训练有明显的效果，体现实践性特点。

3. 系统性

本书以中餐开餐服务的过程为主线，将知识与技能穿插编写，遵循餐厅服务规律和特点，在增长餐饮知识的同时掌握餐厅服务技能。

本书的主要对象是中等职业学校旅游服务与管理专业的学生，也可作为饭店员工培训及相关人士学习的参考书，建议教学学时为144学时，具体学时分配如下表（供参考）：

项目序列	课程内容	建议学时
项目一	餐前准备	10
项目二	托盘训练	16
项目三	餐巾折花	12
项目四	餐台布置	28
项目五	中餐预订服务	10
项目六	餐前服务	10
项目七	席间其他服务	14
项目八	酒水服务	16
项目九	菜肴服务	16
项目十	结账服务	12

本书由杨富荣和何勇任主编，张建国任副主编。杨富荣和张建国负责本书的统稿和修改。杨富荣、何勇、张屹、张楠宁、楼小青、邵吉负责本书具体内容的编写，具体分工如下：楼小青编写项目一、项目二；邵吉编写项目三、项目四；张屹编写项目五；张屹、张楠宁合写项目六；张楠宁编写项目七；何勇编写项目八、项目九；杨富荣编写项目十。

本书在编写过程中，得到杭州大华饭店的帮助和支持，在此表示感谢。

由于编者的水平和时间有限，书中难免存在不足之处，敬请广大专家和读者批评指正。

编者

2009年11月

目录

项目一 餐前准备 / 01

任务一 形象素质 002
任务二 餐厅环境 011
任务三 物品准备 016

项目二 托盘训练 / 023

任务一 轻托 024
任务二 重托 030

项目三 餐巾折花 / 035

任务一 餐巾花概述 036
任务二 餐巾折花的技法 044
任务三 餐巾花的应用 058

项目四 餐台布置 / 063

任务一 铺设台布 064
任务二 摆放餐具 068

项目五 预订服务 / 077

任务一 散客预订服务 078
任务二 宴会预订服务 081
任务三 团体包餐预订服务 087

项目六 餐前服务 / 091

任务一 迎宾服务 092
任务二 点菜服务 099

项目七 席间服务 / 105

任务一 撤换服务 106
任务二 席间特殊情况处理 110

项目八 酒水服务 / 117

任务一 斟酒服务 118
任务二 茶水服务 132

项目九 菜肴服务 / 145

任务一 上菜服务 146
任务二 分菜服务 152

项目十 结账服务 / 159

任务一 移动支付服务 160
任务二 其他结账服务 163

附　录 / 168

附录一 中餐常用术语（中英文对照） 168
附录二 中餐常用岗位英语会话 172

参考文献 / 177

微视频目录

餐饮服务人员礼仪规范 / 002
轻托操作规范 / 028
折叠技法 / 048
直推技法 / 048
斜推技法 / 048
平行卷技法 / 049
斜角卷技法 / 049
翻拉技法 / 050
捏技法 / 050
盘花实例 / 051
杯花实例 / 055
《恋秋》主题餐巾花创作 / 061
铺台布 / 066
中餐宴会摆台 / 071
迎宾领位 / 093
撤换服务 / 108
酒水开瓶 / 119
酒水服务 / 122
祁门红茶冲泡 / 140
铁观音冲泡 / 140
大红袍冲泡 / 140
白牡丹冲泡 / 140
菜肴服务 / 150

项目一

餐前准备

餐厅营业前，由餐厅经理或主管组织召开餐前例会，分配布置当日工作任务，按服务要求做好开餐前的准备工作。餐前准备工作直接关系到对客服务的质量，影响餐厅的经营状况，需要服务人员耐心细致地完成。

项目目标

- 了解餐厅服务人员的素质要求。
- 了解餐厅空间布局、环境氛围营造及环境卫生的相关要求。
- 了解餐前物品准备的要求。

任务一 形象素质

随着餐饮业竞争的日趋激烈和消费者自我保护意识的增强，客人对餐饮服务质量的要求越来越高，而餐饮服务质量的提高和先进餐饮文化的传播则有赖于高素质的员工。员工的仪容仪表及服务态度反映出餐饮企业的管理水平和服务水平。

情境导入

小乐是某职业学校高星级饭店运营与管理专业高三的学生，学校与悦格大饭店校企合作开展教学实践。小乐到人力资源部报到后接受了入职培训。培训内容之一是饭店员工规范的仪容仪表。小乐被分配到悦格大饭店餐饮部，领班带领小乐去布草房领取了制服。

任务学习

一、餐饮服务人员的仪容仪表要求

餐饮服务人员礼仪规范

仪容主要指人的容貌，是仪表的重要组成部分。仪表即人的外表，包括人的容貌、服饰、姿态、个人卫生、风度等方面，它是一个人的精神面貌、内在素质的外在表现。

（一）餐饮服务人员的仪容要求

餐饮服务人员仪容的基本要求是端庄、整洁、自然、大方（图 1–1、图 1–2）。

1. 头发

头发勤梳洗、大方得体、干净整洁。男员工前发不盖额，侧发不掩耳，后发不触领。女员工头发不能染夸张的颜色，前发不过眉。若留长发，梳理挽成“发髻”；若留短发，可梳理成端庄稳重的齐耳直发、稍长微曲的发型或运动发型。

▲图1-1　女员工仪容形象

▲图1-2　男员工仪容形象

2. 面部

面部要注意清洁与适当的修饰。男员工保持面部清洁，常修面，不留胡须和大鬓角。女员工淡妆上岗，不能浓妆艳抹。

3. 手部

保持手部干净整洁，不能留长指甲，不能涂有色指甲油。

4. 个人卫生

保持个人卫生，勤洗澡；不能使用浓烈香水；上岗前，应避免食用一些会产生口腔异味的食品，如葱、韭菜，保持口气清新。

（二）餐饮服务人员的仪表要求

1. 服装

穿着规定的工装，保持干净整齐，标志佩戴齐全，领饰端正；无缺损、无丢扣、无油污；熨烫挺括；衬衣必须系在裤内或裙内。

2. 鞋袜

穿着符合岗位要求的黑色皮鞋，干净、擦拭光亮、无破损，女员工可穿黑色布鞋。女员工着肉色连裤袜或长筒丝袜，干净、无抽丝、无破洞；男员工着深色袜。

3. 首饰

除了手表和婚戒外，不佩戴其他饰物；胸牌端正地佩戴在左胸前。

二、餐饮服务人员的仪态要求

餐饮服务人员的仪态，指日常生活中的行为和岗位工作中的举止。它包括规范的站姿、优雅的坐姿、正确的走姿、恰当的手势、亲切的语言、真诚的表情、和蔼的态度等。餐饮服务人员主要的仪态要求如下。

（一）站姿

餐饮服务人员站姿的具体要领是上身正直，头正目平，面带微笑，微收下颌，挺胸收腹，两臂自然下垂，两腿相靠直立。站立时，切忌东倒西歪，耸肩勾背。

(1) 女员工标准站姿。双脚呈“V”字形，双膝和脚后跟要紧靠，脚尖张开 20~25 cm；穿礼服或旗袍时，双手相交放于小腹，右手在上，双脚可以自然靠拢或者稍微分开（图 1-3）。

(2) 男员工标准站姿。双脚与肩同宽，上身保持正直。手势有前置式（图 1-4）和后背式。切忌双手抱胸或叉腰，也不可将手插在上衣袋或裤袋内。

▲图1-3　女员工标准站姿

▲图1-4　男员工标准站姿

（二）坐姿

餐饮服务人员正确的坐姿要求是入座时轻而缓，走到座位前面转身，右脚后退半步，左脚跟上，然后轻稳地坐下；女员工入座时，要用手把裙子向前拢一下。坐下后，上身正直，头正目平，嘴巴微闭，脸带微笑，腰背部稍靠椅背，两手分别放在两腿上。两腿自然弯曲，小腿与地面基本垂直，两脚平落地面。两膝间的距离，男员工以一拳为宜（图 1-5），女员工则以不分开为好（图 1-6）。

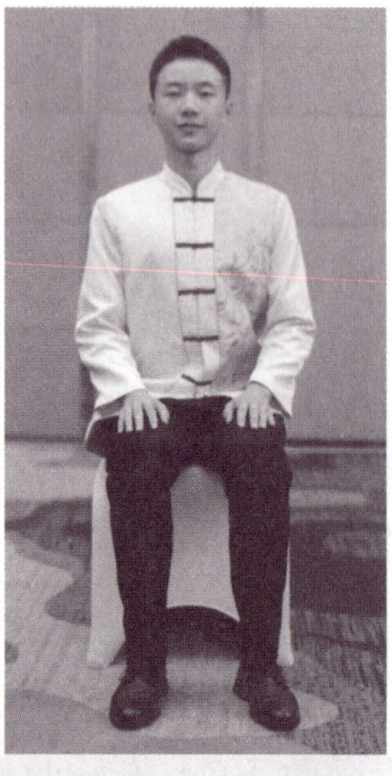
▲图1-5　男员工标准坐姿

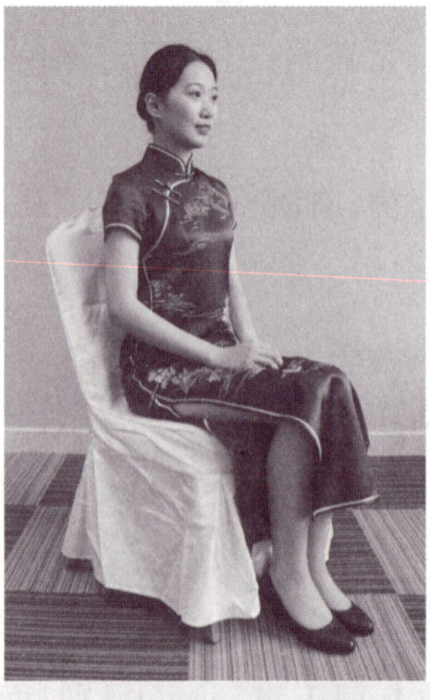
▲图1-6　女员工标准坐姿

无论哪一种坐姿，都要坐得端正、稳重。切忌二郎腿坐姿、分腿坐姿、“O”形腿坐姿。

（三）走姿

餐饮服务人员走姿的基本要求是挺胸、抬头、两眼平视，步幅和步位要合乎标准。走路切忌内“八”字或外“八”字，走路要用腰部核心力量，具有韵律感。男员工走路，两脚跟交替前进，两脚尖稍外展（图 1-7）；女员工则两脚都要踏在一条直线上，称“一”字步（图 1-8）。标准的步幅是一脚之长，女员工穿裙装或旗袍配高跟鞋时，步幅可略小些。

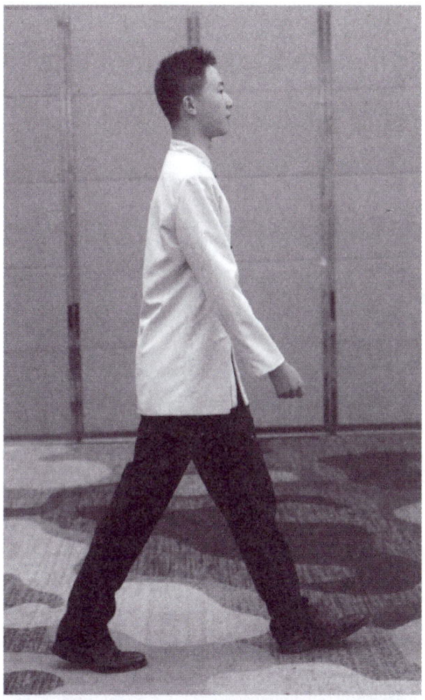

▲图1-7　男员工标准走姿

▲图1-8　女员工标准走姿

（四）手势

得体、适度的手势可增强感情的表达，能在餐饮服务中起到锦上添花的作用。手势运用的基本要求是自然优雅，规范适度（图 1-9、图 1-10）。

▲图1-9　引领手势

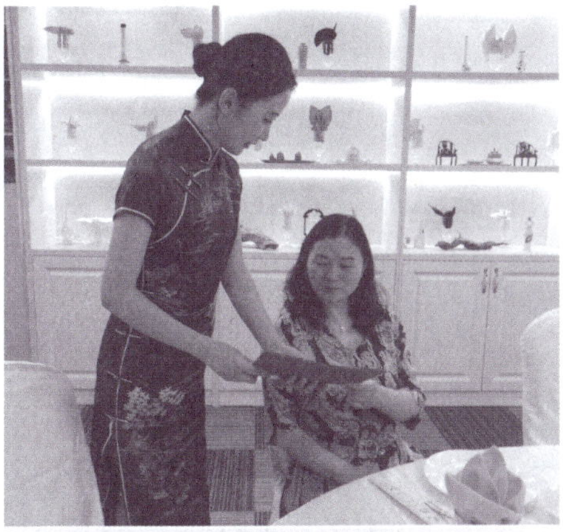

▲图1-10　递物手势

三、餐饮服务人员的素质要求

（一）思想素质要求

良好的思想素质是树立正确的人生观、价值观和做好服务工作的基础。

1. 政治思想素质

在服务工作中，餐饮服务人员应严格遵守外事纪律，讲原则，讲团结，识大体，顾大局，不卑不亢，不做有损国格、人格的事。

2. 专业思想素质

餐饮服务人员必须树立牢固的专业思想，充分认识到餐饮服务知识对提高服务质量的重要性，热爱本职工作，养成良好的行为习惯。

（二）服务态度要求

服务态度指餐饮服务人员在对客服务过程中体现出来的主观意向和心理状态，其好坏直接影响客人的心理感受。其具体要求如下。

1. 主动

餐饮服务人员应牢固树立“宾客至上、服务第一”的专业意识，做到眼勤、口勤、手勤、脚勤、心勤，把服务工作做在客人开口之前。

2. 热情

餐饮服务人员在服务工作中应热爱本职工作，尊重自己的服务对象，做到面带微笑、端庄稳重、语言亲切、精神饱满、诚恳待人，具有助人为乐的精神，处处热情待客。

3. 耐心

餐饮服务人员在为各种不同类型的客人服务时，应有耐心，不急躁、不厌烦、态度友善。虚心听取客人的意见和建议，对事情不推诿。

4. 周到

餐饮服务人员应将服务工作做得细致入微、面面俱到、周密妥帖。在服务前，应做好充分的准备工作，对服务工作做出细致、周密的计划；在服务时，应仔细观察，及时发现并满足客人的需求；在服务结束时，主动征求客人的意见或建议，并及时反馈。

（三）服务知识要求

餐饮服务人员应具有较宽的知识面，并在工作中运用如下知识。

1. 基础知识

基础知识主要有员工守则、礼貌礼节、职业道德、外事纪律、饭店安全与卫生、服务心理学、外语知识等。

2. 专业知识

专业知识主要有食品营养卫生知识、烹饪知识、岗位职责、工作程序、运转表单、管理制度、设备设施的使用与保养、饭店的服务项目及营业时间、沟通技巧等。

3. 相关知识

相关知识主要有哲学、美学、文学、艺术、法律、医学、宗教知识及各国的历史地理、习俗和礼仪、民俗知识、本地及周边地区的旅游景点及交通等。

（四）相关能力要求

餐饮服务人员在工作中应具备以下八项能力。

1. 语言表达能力

餐厅的优质服务需要运用语言来表达，餐饮服务人员应具有较好的语言表达能力。《旅游饭店星级的划分与评定》对餐饮服务人员的语言要求为："语言要文明、礼貌、简明、清晰；提倡讲普通话；对客人提出的问题无法解答时，应予以耐心解释，不推诿，不应付。此外，餐饮服务人员还应具有一定的外语水平。"

2. 应变能力

餐饮服务人员必须具有灵活的应变能力，遇事冷静，及时应变，妥善处理，充分体现饭店"宾客至上"的服务宗旨，尽量满足客人的需求。

3. 销售能力

餐饮服务人员必须根据客人的爱好、习惯及消费能力灵活销售产品，充分介绍产品，尽量促进客人的消费，从而提高餐饮部的经济效益。

4. 技术能力

技术能力指餐饮服务人员在提供服务时显现的技巧和能力，它不仅能提高工作效率，保证餐厅服务的规格、标准，更能给客人带来愉悦的感受。

5. 观察能力

餐饮服务人员在对客服务时应具备敏锐的观察能力，随时关注客人的需求并给予及时满足。

6. 记忆能力

餐饮服务人员通过观察了解到有关客人需求的信息，除了应及时给予满足之外，还应加以记忆，当客人下次光临时，餐饮服务人员即可提供有针对性的个性化服务，提升客人的满意度。

7. 自律能力

自律能力指餐饮服务人员在工作过程中的自我控制能力。餐饮服务人员应遵守饭店员工守则等管理制度，明确知道在何时、何地能够做什么，不能够做什么。

8. 服从与协作能力

服从是下属对上级的应尽责任。餐饮服务人员必须对客人提出的要求给予满足，但应服从有度，即满足客人符合传统道德观念和社会主义精神文明的合理需求。餐饮服务工作需要团队协作精神，应与其他员工密切配合，尊重他人，共同努力，尽力满足客人需求。

(五) 职业习惯要求

习惯是人们日积月累形成的行为趋向,一旦形成,很难改变。餐饮服务人员应将行业的要求作为习惯来培养。

第一,从语言、行为、仪容和仪表四个方面培养自己表现礼貌的习惯;第二,守时习惯;第三,培养为他人服务的习惯;第四,培养吃苦耐劳的习惯;第五,培养职业服务的习惯。

(六) 身体素质要求

良好的身体素质是做好饭店服务工作的基本保证。

1. 身体健康

《中华人民共和国食品安全法》(2021 修正)第四十五条规定:食品生产经营者应当建立并执行从业人员健康管理制度。患有国务院卫生行政部门规定的有碍食品安全疾病的人员,不得从事接触直接入口食品的工作。

2. 体格健壮

餐饮服务工作的劳动强度较大,站立、行走、托盘等都要一定的腿力、臂力和腰部核心力量,拥有健康的体魄才能胜任此项工作。

知识链接

餐饮部岗位分工及职责

餐饮部每个工作人员都应熟悉本部门各岗位的职责,了解各岗位工作人员的主要工作内容、组织关系及工作目的。

一、餐厅领班

(1) 接受餐厅经理指派的工作,全权负责本区域的服务工作。

(2) 协助餐厅经理拟定本餐厅的服务标准、工作程序。

(3) 负责本班组员工的考勤。

(4) 根据客情安排好员工的工作班次,并视工作情况及时进行人员调整。

(5) 督促每一个服务员并以身作则,大力向客人介绍推销菜品。

(6) 指导和监督服务员按要求与规范工作。

(7) 接受客人订单、结账。

(8) 带领服务员做好班前准备工作与班后收尾工作。

(9)处理客人投诉及突发事件。

(10)经常检查餐厅设施是否完好,及时向有关部门汇报家具及营业设备的损坏情况,向餐厅经理报告维修情况。

(11)保证菜品准时、无误。

(12)营业结束后,带领服务员做好餐厅卫生,关好电灯及电力设备开关,锁好门窗、货柜。

(13)配合餐厅经理对下属员工进行业务培训,不断提高员工的专业知识和服务技能。

(14)与厨房员工及管事部员工保持良好关系。

(15)当直属餐厅经理不在时,代行其职。

(16)核查账单,保证在交付客人签字、付账前完全正确。

(17)负责重要客人的引座及送客致谢服务。

(18)完成餐厅经理临时交办的事项。

二、迎宾员

(1)在餐厅入口处礼貌地问候客人,引领客人到合适的餐桌,协助客人拉椅让座。

(2)递上菜单,并通知区域值台员提供服务。

(3)熟悉本餐厅内所有餐桌的位置及容量,确保进行相应的引领工作。

(4)将客人平均分配到不同的服务区域,以平衡各值台服务员的工作量,同时保证服务质量。

(5)在营业高峰餐厅满座时,妥善安排候餐客人。如客人愿意等候,则请客人在门口休息区域就座,并告知大致的等候时间;如客人是住在店内,也可以请客人回房间等候,待餐厅有空位时再通知客人;还可以介绍客人到饭店的其他餐厅就餐。

(6)记录就餐客人的人数及其所有意见或投诉,并及时向上级汇报。

(7)接受或婉拒客人的预订。

(8)协助客人存放衣帽、雨具等物品。

(9)积极参加各项培训,不断提高自身的综合素质和业务能力。

三、餐厅服务员

(1)负责擦净餐具、服务用具,做好餐厅的清洁卫生。

(2)到仓库领货,负责餐厅各种布件的点数、送洗和记录工作。

(3)负责补充工作台,并在开餐过程中随时保持其整洁。

(4)按本餐厅的要求摆台,并做好开餐前的一切准备工作。

(5)熟悉本餐厅供应的所有菜点、酒水,并做好推销工作。

(6)接受客人点菜,并保证客人及时、准确无误地吃到菜品。

(7)按本餐厅的标准为客人提供尽善尽美的服务。

(8)做好结账收款工作。

(9)在开餐过程中关注客人的需求,在客人需要时能迅速做出反应。

(10)负责客人就餐完毕后的翻台或为下一餐摆台,做好餐厅的营业结束工作。

(11)积极参加培训,不断提高自身的服务水平和服务质量。

(12)按照服务程序、标准,指导实习生的日常工作。

四、传菜员

(1)在开餐前负责准备好调料、配料和传菜夹、画单笔等,主动配合厨师做好出菜前的所有准备工作。

(2)负责小毛巾的洗涤、消毒工作或去洗衣房领取干净的小毛巾。

(3)负责传菜间和规定地段的清洁卫生工作。

(4)负责将点菜单上的所有菜点按上菜次序准确无误地传送到点菜客人的值台员处。

(5)协助值台员将脏餐具收好洗净,并分类摆放。

(6)要妥善保管点菜单,以备查核。

(7)积极参加培训,不断提高自身的服务水平和服务质量。

活动体验

1. 女生练习盘发,男生练习打理头发。
2. 练习餐饮服务人员站姿、走姿和手势的标准动作。

技能实训

实训内容	餐饮服务人员仪表展示
实训目的	掌握餐厅服务员的礼仪规范
实训准备	制服、计时器
实训方法	1. 学生观看礼仪展示微课; 2. 教师示范讲授要点; 3. 学生分组练习

续表

实训考核（1分钟）				
项目	考核标准		分值	得分
头发（3分）	男士	后不盖领	1	
		侧不盖耳	1	
		干净、整齐，着色自然，发型美观大方	1	
	女士	后不过肩	1	
		前不盖眼	1	
		干净、整齐，着色自然，发型美观大方	1	
面部（1分）	男士不留胡须及长鬓角		1	
	女士淡妆		1	
手及指甲（1分）	干净		1	
	指甲修剪整齐，不涂有色指甲油		1	
服装（2分）	符合岗位要求，整齐干净，熨烫挺括		1	
	无破损、无丢扣		1	
鞋（1分）	符合岗位要求的黑色皮鞋（中式铺床选手可穿布鞋）		0.5	
	干净、擦拭光亮、无破损		0.5	
袜（1分）	男深色、女浅色		0.5	
	干净、无抽丝、无破洞		0.5	
首饰及徽章（1分）	选手号牌佩戴规范，不佩戴过于醒目的饰物		1	
仪态（10分）	走姿自然、大方、优雅		2	
	站姿自然、大方、优雅		2	
	手势自然、大方、优雅		2	
	蹲姿自然、大方、优雅		2	
	注重礼节礼貌，面带微笑		2	
合　计			20	

任务二　餐厅环境

客人到饭店餐厅用餐，不仅仅是享受美味，同样也是享受环境，要为客人提供一个清新舒适、赏心悦目的餐厅环境。

情境导入

经过入职培训，小乐被分配到悦格大饭店餐饮部开展教学实践。领班开展了岗前培训，介绍了餐饮部的各部门及岗位。小乐实践的第一个岗位是临湖中餐厅的迎宾员。主要任务是在餐厅门口迎接和引领客人，为了尽快地进入工作角色，小乐跟着领班开始熟悉临湖中餐厅的布局。

任务学习

一、餐厅的空间布局

餐厅是为客人提供食物、饮料及服务的公共就餐场所。餐厅的空间布局及环境气氛是餐厅经营理念和经营风格的外在表现。空间布局合理与否，氛围营造是否良好，不仅影响用餐客人的心情，还影响服务员的工作效率。

餐厅在空间布局上要合理安排客人活动线、服务员活动线、物资活动线，三线不能交叉，更不能重叠。

餐厅空间一般可分为就餐空间、公共空间和服务空间。就餐空间可分为大厅和厅房，主要由餐桌、餐椅和通道组成，是客人在餐厅的就餐区域，其空间比例最大，是餐厅的主要构成部分；公共空间是餐厅里可供客人活动或观赏的空间，如门面、门口与就餐区的缓冲空间、洗手间及水池假山；服务空间是餐厅为客人提供服务而必备的空间，如迎宾引导区、收银台、食品展示区、酒吧台、服务桌、服务通道。

餐厅空间的划分因规模和档次而异。规模越大、档次越高，其空间划分就越明晰。合理的空间布局，既能便于迎接客人、销售食品饮料、客人用餐及对客服务安全，又能营造特定的用餐环境和气氛。

二、餐厅的环境卫生

餐厅环境是客人用餐的场所，其卫生状况是客人感受餐饮卫生的重要窗口，直接影响客人对餐厅的认可度。因此做好餐厅环境卫生非常重要。服务人员应为客人创造一个清洁雅静、美观整洁、空气新鲜的就餐环境。

餐厅环境卫生包括餐厅的通道、走廊、洗手间、休息室、工作间、经营区等场所的卫生。经营区环境卫生主要指墙面、门窗、灯具、装饰工艺品、挂画、餐桌椅及地面的卫生等。卫生工作要做到事前准备、事后清理，日常卫生和计划卫生相结合，以保证卫生工作经常化、制度化。同时餐厅还应积极采取有效措施，消灭苍蝇、老鼠、蟑螂、蚊子等。

（一）墙面卫生

定期除尘，随时清除污迹，以保持墙面的清洁、美观。字画、装饰品或工艺品，应用半干半湿抹布做好抹尘工作。关注墙角处是否有蜘蛛网，若有应及时清除。

（二）门窗卫生

做好抹尘工作，抹尘时坚持先湿后干、从上到下的原则。玻璃门窗上较明显的污渍，先喷上玻璃清洁剂，然后再用抹布擦干。餐厅的外窗玻璃，由高空清洁专业人员定期擦拭。玻璃门窗必须确保透明、光亮，使就餐客人有一个良好的心情。

（三）桌椅及工作台卫生

确保台布的清洁卫生；检查椅套是否有污渍；不要忽略桌脚和椅脚的卫生。工作台必须每餐整理，台内餐具、用具要摆放有序，经常更换工作台内的垫布，做到清洁美观、井然有序、使用方便。

（四）地面卫生

整理地面卫生时，首先应捡去较大的垃圾，然后用吸尘器对地毯从里到外进行吸尘。吸尘器能清除地毯中较小的废物纸屑、固体颗粒和灰尘，吸尘时应注意顺着地毯的纹理清理。地毯上的痰迹、墨迹应及时用少许肥皂水擦拭干净，有油污的地方可用少许汽油擦拭。

（五）空气质量

整理餐厅卫生时，要打开窗户，通风换气，保持空气清新。卫生工作结束后，应关上门、窗，调节室内温度。一般来说，夏季温度可调至 22 ～ 24℃，冬季温度可调至 18 ～ 20℃。

三、餐厅的陈设布置

1. 一般陈设布置

餐厅各类设施设备要合理摆放，使餐厅环境整齐有序。除设施设备外，还应有与餐厅格局相协调的陈设布置，于餐厅的适当位置点缀环境，如壁画、辅助光源的装饰、陈列品、墙饰与窗饰。注意不可因此喧宾夺主，以免使餐厅显得杂乱无章（图 1–11）。

2. 餐厅内外环境

餐厅内外环境的绿化、美化也非常重要。恰当的绿化能给客人创造一个美好的就餐环境，带来好的就餐心情，还可以起到净化空气的作用。花卉能起到调节客人心理、美化环境的作用。如婚宴可摆放牡丹、玫瑰、百合，朋友相聚可以摆放兰花，商务洽谈可以摆放长青植物，如剑兰。

3. 餐厅插花

餐厅插花艺术的重点是宴会摆台的插花（图 1–12）。插花放在餐台中央，大小要根据餐台的大小而定，不能影响冷菜的摆放，高度不得高于客人就座后互相平视的高度。插花所选用的花草使用前应先用清水冲洗干净，去掉杂物和枯萎黄叶，给花朵整形，为花叶剪枝，草要修形。摆插好的作品要适量喷水，给人以清新之感。

▲图1-11　餐厅陈设

▲图1-12　餐桌插花

在插花中，除选用鲜花草外，通常配有面塑、果蔬雕、黄油雕等饰物作为插花造型的组成部分，使餐台更加别具一格。在塑造插花造型时应注意鲜花与饰物的协调性、艺术性，使插花的艺术欣赏价值得以充分体现。

知识链接

餐桌花艺设计

恰到好处的餐桌花艺设计，能营造出美好温馨的氛围，让用餐的客人有愉悦的心情。

1. 季节感和场景

首先要明确宴会的主题，根据具体时间、场所、人物、目的、食谱、食器来决定设计的内容。也可利用季节和庆典的特点做设计，如元旦、端午节、母亲节、父亲节，根据这些节日的特征来确定设计思路，决定桌布的色彩、器皿的颜色、鲜花和水果的品种等。

2. 道具

要想让餐桌高雅温馨，道具除了花、桌布、餐巾和餐具外，装饰品也是必不可少的，如烛台、陶瓷娃娃。随意摆放一些瓷器艺术品和水晶、丝带饰品，会让餐桌变得更富有情趣。蜡烛的光线也可营造浪漫的氛围。

3. 花材

餐桌设计常用的花材有玫瑰、兰花、郁金香、茉莉等。但餐桌上的菜肴才是真正的主角，不能喧宾夺主，让鲜花占了主要地位。所以花材不能太大，要选择色泽柔和、气味淡雅的品种。同时一定要有清洁感，不影响就餐客人的食欲。

4. 配色

白色、米色、蓝色是常见的餐桌花基调。首先要统一餐桌整体为同一色系，然后在某一部分设定一个对比色作为视觉点。例如，利用夏天的季节感做设计时，主色彩为海蓝色，加上对比色的黄色，演绎出阳光海岸的氛围。

5. 尺寸和造型

花艺一般装饰在餐桌的中央位置，不超过桌子1/3的面积，高度在25~30 cm。如果空间很大，可采用细高形花器。一般水平形花艺适合长条形餐桌，圆球形的用于圆形餐桌。

活动体验

1. 学生以小组为单位，走访特色餐厅，拍摄餐厅的环境布置，做成课业进行分享。
2. 练习简单的插花。

技能实训

实训内容	餐桌插花		
实训目的	学会简单的餐桌插花		
实训准备	花材、花器		
实训方法	1．学生观看插花微课； 2．教师示范讲授要点； 3．学生分组练习		
实训考核（15分钟）			
项目	考核标准	分值	得分
整体造型	主次分明、比例均衡，与环境协调	20	
造型构图	整体轮廓清晰，能体现出水平形或圆球形	10	
花材组合	高低错落，疏密有致，虚实结合，仰俯呼应，上轻下重，上散下聚	15	
技法	手法熟练，动作准确、到位	20	
花泥与底盆	花泥裁剪得当，花泥和底盆不外露	5	
辅助花材	数量适当，色彩搭配协调，点缀得当	10	
现场整洁	工作台和地面整洁，无多余花草	10	
过程评价	操作有序，时间控制在15分钟内	10	
合　计		100	

任务三 物品准备

物品准备的总原则是质量高，规格适当，色彩与餐厅装饰特点相统一。

情境导入

下午4点，临湖中餐厅召开餐前例会。主管介绍了餐桌预订情况、特色菜肴推送以及酒水的库存情况。今日所有包厢都被预订，用餐人数较多。大家开始了忙碌的餐台布置。小乐熟记了包厢预订信息后，协助同事们领取各种餐用具，对酒水进行了盘点。

任务学习

一、餐用具的准备

开餐前领取开餐物品，进行规范摆台和装饰布置。开餐用的餐用具种类多且复杂，各种餐具的质量、数量需根据餐厅的档次高低、餐位的多少和所经营菜肴的特点配备。开餐必用的餐用具要准备充足，常撤换的骨碟配备量一般应是餐位的5~7倍，用得较少的餐用具可少配备些。

（一）餐厅家具

1. 餐桌

餐厅常用的餐桌种类有圆桌、方桌或长方桌。所有餐桌高度应在72~76 cm；每个餐位间距不少于75 cm。中餐宴会常用圆桌，供4人用的餐桌直径为120 cm，供6人用的餐桌直径为140 cm，供8人用的餐桌直径为160 cm，供10人用的餐桌直径为180 cm，供12人用的餐桌直径为200 cm，供14人用的餐桌直径为220 cm。

2. 餐椅

餐椅有木椅、钢木结构椅、扶手椅、藤椅、儿童椅、沙发及配套的茶几等。椅面高度一般为45 cm左右，椅脚之间的距离至少为45 cm。一般配备一定数量的儿童座椅，高度为65 cm左右，座宽、座深都比成人餐椅小，但必须带围栏，以免儿童跌落。

3. 工作台

工作台是服务员在用餐期间为客人服务的基本设备，其主要功能是存放开餐服务所需的各种服务用品，如餐具、调味品以及菜单、餐巾，是餐厅家具中最重要的组成部分。

4. 服务车

活动服务车用于客前分菜服务，轻便灵巧，可以在餐厅内灵活地推来推去，亦可用来上菜、收盘。其大小和功能可根据需要设计。

5. 迎宾台、签到台、指示牌、致辞台

(1)迎宾台。通常设在餐厅门口的一侧，其高度一般是迎宾员肘部平放水平到地面的距离。台上摆放餐厅客人预订簿和客情资料、电话、插花等。

(2)签到台(多用长方形桌)。一般设在餐厅的入口处，铺设台布，围上桌裙，上面摆放插花及签到簿、笔等文具用品和有关活动的宣传资料。主办单位专门派人在此接待出席活动的客人。

(3)指示牌。是饭店承办的某些大型活动的告示和指南，通常用于大、中型的宴请活动、大型会议等。指示牌上面的内容可以是宴会的名称、宴会厅的平面示意图、台形桌号、宾主的座次安排以及入席路线等。

(4)致辞台。形式与迎宾台相似，其朝外的一面镶有饭店的店徽标志，上面有麦克风，放置于主席台或主宾席的一侧，用于宾主双方相互致辞，台上还配有插花。

木质家具的保养要求：经常检查其牢固程度，防止出现开裂、变形现象；避免阳光曝晒，避免受潮变形；定期上蜡抛光，延长家具的使用寿命；巧搬轻放，防止脱榫、折断。

(二) 餐厅布件

1. 台布

台布有各种颜色和图案，但传统、正式的台布通常是白色的。此外，常见的还有乳黄色、粉红色、淡橙色等。对于主题性餐饮活动，台布的颜色和风格的选择可以多样化，不必拘泥。

2. 装饰布

装饰布指斜向铺盖在正常台布上的附加布巾，其规格一般为 100 cm × 100 cm 或大小与台布面积相适应。例如，圆桌装饰布规格与台布规格相当，覆盖整个台面，铺设角度与台布相错或四边平均下垂贴于桌裙前。

3. 餐巾

餐巾是餐桌上的保洁布件用品，大小规格不尽相同，边长为 48~65 cm 的餐巾最为适宜。颜色可根据餐厅和台布布置装饰的主色调选用，力求和谐统一。

4. 桌裙

高档豪华宴会的餐桌、宴会酒吧、服务桌、展示台等必须围设桌裙。具体的方法是铺好台布后，沿台形桌子的边缘按顺时针方向将桌裙用大头针、尼龙搭扣或钮式夹固定。

5. 托盘垫巾

指根据托盘的规格和大小用布件缝制的垫布，这一类垫布还可铺垫在餐具柜和工作台上。

6. 服务布巾

服务布巾用于擦拭杯具、金属餐具、餐厅服务用具等，绝对不能用餐巾代替。

7. 椅套

椅套与台饰布件相对应、互相映衬。椅套广泛用于各类高档典雅的宴会餐椅的布置和装饰中。

8. 小毛巾

柔软舒适，消毒干净，折叠好存放在保温箱内备用。宴会开始前15分钟将小毛巾摆上餐台。

布件的使用与存放要求：布件应轮换使用；按尺寸大小分类码放在相对固定的位置上，方便取用和清点；晚餐换下的台布抖去残杂物，放在布件车内过夜，以防止被老鼠撕咬，第二天早晨送洗；不得用台布、餐巾等客人用品擦桌子、抹转台，不得用餐巾代替服务布巾。

（三）餐厅器皿

1. 陶瓷器皿

陶瓷器皿是餐厅服务中最常见的餐具种类。中餐厅常见的有骨碟、汤碗、小汤勺、味碟、筷架、菜盘等。

2. 玻璃器皿

餐厅里最常用的玻璃器皿是各种形状、不同用途的酒杯。对各种酒杯的要求是杯身平滑、透明、无色，无破损、无水渍、无指痕；酒杯应带杯脚，以免手温影响酒的口味。

3. 金属器皿

餐厅中使用的金属器皿有纯银、镀银、镀金、不锈钢等材质，在高档餐厅中，纯银器皿所占的比例较大。中式餐具中的筷架（座）、装饰碟、匙、菜盘底座、公用餐具、温酒壶等也常为纯银材质。现在几乎所有的银器都可用不锈钢材质代替。

二、酒水的准备

准备好开瓶器，放在固定的位置；对需冷藏的酒水饮料擦拭干净后放入冰柜；准备好冰块和冰桶；及时查看酒水准备情况和保质期；宴会的酒水提前30分钟领取，根据宴会标准、宴请对象要求及桌数到酒吧填写饮料领用单，核对数量是否相符；将酒瓶擦拭干净，商标朝外，摆放于服务台上。零点餐厅需准备的酒水品种要多一点，数量则相对较少，服务员要及时查看吧台酒水的准备情况。

三、餐前会

餐前会是开餐前所进行的例会，一般由餐厅经理主持。餐前会的主要内容：第一，检查在岗服务人员的仪容仪表；第二，对当日菜肴做简短介绍；第三，对餐厅服务工作进行合理分工。

知识链接

餐具的保养

一、瓷餐具的保养

1. 检查破损

检查时，可将两个瓷器轻微碰撞一下，声音清脆说明完好，声音沙哑则表明已有暗损，破损的餐具不能使用。

2. 及时清洗

用后的餐具要及时清洗，不得残留油污、茶垢和食物。经洗碗机洗净消毒后，用专用的消毒抹布擦干水渍，存入餐具柜，防止灰尘污染。

3. 分类保管

瓷器规格型号庞杂、数量繁多，为便于清点管理和拿取使用，在仓库或柜中必须按照不同的种类、规格、型号分别存放，这样可避免因乱堆乱放造成的瓷器餐具挤碎压裂现象。

4. 谨防潮湿

保管瓷器的库房要干燥通风。因为受潮后，包装材料易霉烂并腐蚀瓷器表面，使金、银边变得灰暗无光或使瓷器产生裂纹，降低瓷器品质。

二、玻璃器皿的保养

（一）搬运

玻璃器皿应轻拿轻放。平底无脚酒杯不可叠置，因为这样将导致大量破损，并容易发生意外。在拿平底无脚酒杯和带把的啤酒杯准备摆台时，应该倒扣在托盘上运送。拿葡萄酒杯、高脚酒杯时，可直接用手搬运（将其脚部插在手指中，平底靠向掌心），但在服务过程中，无论如何，所有的玻璃杯都必须用托盘搬运。

（二）测定耐温性能

餐厅对新购进的玻璃器皿可进行一次急变耐温测定，以利于日后的洗涤和使用。

（三）检查和清洗

在摆台前要对全部玻璃器皿进行认真检查，不得有破损。在将玻璃器皿放入洗涤容器里洗涤消毒时，一次不要放得太多，以免互相挤压碰撞而破碎。清洗时，先用冷水浸泡以除去酒杯上残余的酒液，然后洗涤消毒。高档酒杯以手洗为好。

（四）擦拭

1. 专用布巾

取一块干净的擦杯布巾；为保证杯具的清洁卫生，擦拭杯具的布巾应为专用的，应使用经过清洁消毒的浅色平纹布巾擦拭杯具。

2. 利用蒸汽效应

打一桶热水，注意应使用带热气的热水，以便使热气布满杯子。将玻璃水杯在热水的表面来回转动，一方面让蒸汽进入杯子内壁，另一方面使水蒸气覆盖在杯子外表。

3. 擦拭方法

铺开布巾，用左手抓住布巾的一角，然后握住玻璃杯的底部。用右手将布巾的对角塞入杯内。右手拇指扣住杯子的内壁，其他四指张开，使布巾贴住杯子的外壁，按顺时针和逆时针的方向来回擦拭杯子，直至整个杯体擦拭完毕。

4. 检查杯具

将杯子举起在荧光灯下照视，检查是否留有污痕、手印和水迹。

（五）保管

擦干后的玻璃杯要按品种、规格分档倒扣于盘格内。要分类存放，不常用的器皿要用软性材料隔开，以免器皿之间直接接触发生摩擦和碰撞，造成破损。发现有破损裂口的酒杯应及时捡出，以保证客人安全。

酒杯通常贮存在准备间内，一般单排倒扣在杯架上以避免落进灰尘；另外一种方法是用包上塑料皮的特制金属架插放杯子，这种特制的框架方便搬运和移动杯子，还可减少杯子损耗和破损。

三、其他餐具的保养

贵重餐具由专人负责，分类造册，每天清点，大型宴会银器的领用、归还有严格的手续；保持金属器皿的清洁、光亮、卫生，轻拿轻放，分类存放；用过的银餐具要洗净并擦亮；还要对银器进行定期保养，保养时可将银器浸泡在以碳酸钠为主的化学溶液中快速加温至80℃，使其恢复光泽再抛光。

不锈钢餐具使用前先检查其清洁程度，严禁使用不卫生、有污渍或破损的不锈钢餐具。不锈钢餐具可用专用洗涤剂去渍、清洁和消毒，清点擦亮后妥善保管。

筷子使用时检查是否卫生，有无破损；用过后立即清洗、消毒、保管。

活动体验

1. 宴会厅将接待一个 200 人的宴会，请小组模拟开展餐前会。
2. 请罗列出餐厅餐前准备的物品。

技能实训

实训内容	杯具擦拭		
实训目的	掌握擦拭玻璃杯的正确手法以及识别杯子的清洁度		
实训准备	玻璃杯、水桶、荧光灯、布巾		
实训方法	1．学生观看杯具擦拭微课； 2．教师示范讲授要点； 3．学生分组练习		
实训考核（1分钟）			
项目	考核标准	分值	得分
布巾	布巾干净整洁，无脱毛现象	2	
污痕	玻璃水杯内外壁、底部无污痕、手印	4	
水迹	玻璃水杯内外壁无水迹，保持干燥	4	
透明度	在荧光灯下一尘不染，透明光亮	4	
操作步骤	严格按照步骤进行规范擦拭	2	
操作规范	擦拭手法规范、专业	2	
时间控制	1分钟内完成	2	
合　　计		20	

项目二

托盘训练

托盘操作，是每名餐厅服务人员必须掌握的一项基本技能。在服务过程中，根据工作需要运用各种托盘运送各类物品，不仅能够减轻劳动强度，提高服务工作效率，还能体现文明、礼貌的职业服务风范。所以，服务人员正确的托盘操作对于提高餐厅服务质量和餐厅服务水平具有至关重要的作用。作为餐饮服务人员的入门技能，托盘操作也是摆台、斟酒、上菜等服务技能的基础，要想做好服务工作，餐厅服务人员就必须熟练掌握托盘的操作技能。

项目目标

- 了解托盘的种类、用途和规格。
- 掌握轻托的操作要领和方法，了解重托的操作流程。
- 具有一定的托物承重能力，能灵活自如运用托盘托物。

任务一 轻托

托盘是餐厅服务人员托送食品、饮料及餐饮用具的常用工具。正确使用托盘，既是每名餐厅服务人员必须掌握的基本操作技能，又可以提高服务人员工作效率、服务质量和规范餐厅服务工作。

情境导入

餐前例会时，主管分配给小乐的今日任务是传菜，即将客人所点的菜肴从厨房运送至服务桌。在学校，小乐已经学习了轻托的操作要领，进行了托盘训练。小乐很有信心能完成这个任务。她将托盘清理干净，铺上垫布，将菜肴放置在托盘中心，很轻松地运送到了服务桌，由值台服务员给客人进行上菜服务。当给客人运送红葡萄酒时，小乐遇到了不小的挑战。托运高的酒瓶在行走中需要特别注意脚下与身边的安全，防止酒瓶掉落。

任务学习

一、托盘的种类、用途和规格

1. 托盘的种类

(1) 根据托盘的质地可分为木质托盘、金属托盘、塑胶托盘（为目前大多数饭店所采用）。

(2)根据托盘规格大小可分为大托盘、中托盘、小托盘三种。

(3)根据托盘形状可分为长方形托盘(图 2-1)和圆形托盘(图 2-2)。

▲图2-1　长方形托盘

▲图2-2　圆形托盘

2. 托盘的用途和规格

托盘的质地、规格、形状不同,用途也有所不同。餐厅服务一般常用的托盘有三种,第一种是大、中长方形塑胶托盘;第二种是中圆形塑胶托盘;第三种是小圆形托盘(银或不锈钢),表 2-1 是餐厅服务常用托盘的用途和规格。

表 2-1　餐厅服务常用托盘的用途和规格

种类	用途	规格
大、中长方形塑胶托盘	用于重托,主要用于托运菜点、酒水等较重的物品	45 cm×35 cm
中圆形塑胶托盘	用于轻托,主要用于斟酒、上菜、分菜、展示酒水等	直径 40 cm
小圆形托盘(银或不锈钢)	用于递送账单、收款、递送信件等	直径 30 cm

二、轻托操作规范

轻托(图 2-3),就是托送较轻的物品或进行分菜、斟酒,所托的物品重量一般在 5kg 以下,因托送物品的总体重量较轻,所以称为轻托。轻托用途较广,需经常在客人面前操作,因此,要求动作熟练、优雅和准确。轻托水平的高低,往往影响着客人对饭店餐饮服务水平的评价。

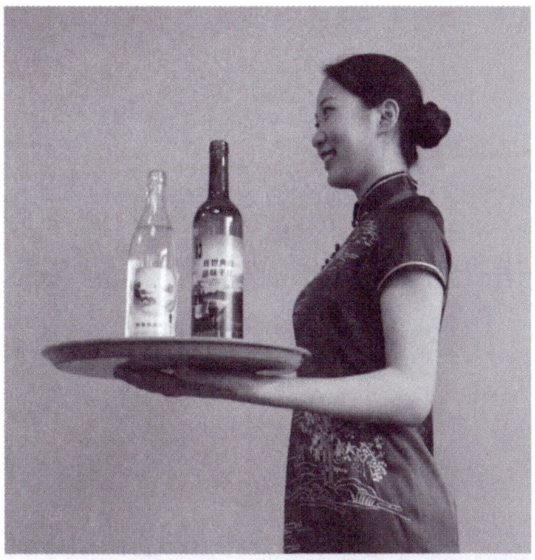
▲图2-3　轻托

轻托要领:左手掌心向上,五指分开,以大拇指到手掌的掌根部和其余四指托住盘底,手掌自然成凹形,掌心不与盘底接触;小臂与大臂垂直于左胸前,上臂不紧靠身体;托盘不贴腹,平托于胸前。整体动作熟练、轻松、自然。

用托盘进行对客服务时,随着托盘内用品取用的不断变化,左手手指可以根据盘内物品重量的变化而做相应调整,以便于掌握好重心,使托盘保持平稳。

（一）理盘

要求：

(1)根据所托的物品选择清洁合适的托盘。

(2)将托盘里外擦拭干净，确保外观整洁，无水迹和污渍(图 2-4)。

注意事项：如果不是防滑托盘，则在盘内垫上洁净的垫布，将其铺平。四边于盘底相齐，尽量做到整齐美观，防止盘内物品滑动。

（二）装盘

要求：

(1)根据物品的形状、体积和使用先后合理安排，以安全稳当和方便为宜。

(2)一般是重物、高物放在托盘里档(靠向身体的一侧)，轻物、低物放在外档(离身体远的一侧)；后拿的物品放在里档，先拿的物品放在外档(图 2-5)。

▲图2-4 理盘

▲图2-5 装盘

注意事项：要求托盘内物品重量分布均衡，重心靠近身体，才能在托运的过程中保持托盘的整体平衡。

（三）起托

要求：

(1)起托时左脚在前，左手五指张开，掌心向上成凹形，以大拇指到手掌的掌根部和其余四指托住盘底，并放置于托盘中心，掌心不与托盘接触。

(2)右手放在托盘边缘，将托盘从桌边拉出，物品放稳后再起身，小臂与大臂垂直，平托于胸前(图 2-6)。

注意事项：

(1)起托速度不要过快，等托盘内物品放稳后再起身，起托平稳后右手再放下。

(2)手指和掌根部随时根据托盘上各侧面的轻重变化而做相应的调整，以保持托盘重心的平稳。

（四）行走

要求：

(1)行走时头正肩平，上身挺直，两眼正视前方，脚步轻快；手腕要灵活，托盘不能贴腹，随着走路时的节奏摆动(图 2-7)。

▲图2-6　起托

▲图2-7　行走

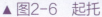

(2)行走时上臂不靠身体,右手随着走路的节奏自然摆动,保持重心,转向灵活自如。

注意事项:

(1)随着步伐移动,托盘会在胸前自然摆动,以菜肴和酒水不外溢、物品之间不碰撞为标准。

(2)无论平地行走、上下楼梯、遇障碍物行走或是行走中拾物,都应保持托盘平稳。

(五) 服务

要求:托盘服务时,右手取拿物品。根据托盘中物品数量、重量分布的不断变化,左手手指不断移动,以保持托盘的平衡(图 2-8)。

▲图2-8　服务

注意事项:服务时要侧身立于客人身旁,盘悬于客位之外,严禁将托盘越过客人的头顶,将身体的重心放于右腿,左腿后跟提起,双脚呈“丁”字形。

(六) 卸盘

要求:

(1)曲膝直腰,左脚前,右脚后,身体微下蹲。

(2) 右手握住托盘边缘，左手持托盘置于与桌面平齐位置，将托盘前沿一端搁置在桌面上，用左手腕的力量将托盘平稳推至桌面上，然后松开双手，直起身体，再安全取出物品（图 2-9）。

▲图2-9　卸盘

轻托操作规范

注意事项：托盘平稳，防止盘内菜点外滑、餐用具滑落。

知识链接

托盘服务的使用方法

一、传菜时使用托盘

(1) 从厨房托运菜肴时，注意托盘的整洁，可在托盘上铺一层干净的垫布，以防止餐具滑移，且起到美观作用。

(2) 较大及较重的盘碗置于托盘中央部位，较小物件可沿托盘边放置。所有物件需均衡摆放，以免携带时滑落或颠落。

(3) 当盛有液体的餐盘装于托盘内时，应放置于中央位置，切不可置于托盘边。

(4) 装有汁液的盘或酱醋碟须平稳置于食具盘上，不可触碰冷热餐盘。

(5) 茶壶或咖啡壶不可装得太满，以免溢出，其壶嘴需朝内，不可朝向装食物的盘碟。

(6) 餐盘底不可触及装在其他餐盘中的食物。

(7) 离开厨房之前，检查托盘，是否所有食物及必需的服务配备皆在其中。食物的放置顺序依服务顺序而定。

(8)托盘绝对不可置于客人桌上,应先置于其边台或托盘架,再由此上菜。

(9)放置任何餐盘在餐桌上时,以四指托住盘缘底部,大拇指夹在盘缘上部。

(10)回厨房时应将不必要的物件带回。

二、颁奖时使用托盘

(1)将奖品放置于托盘中,双手托住托盘。端着托盘的手臂与侧腰大约是一拳远的距离,端托盘时大拇指必须露在托盘外面,大臂和小臂成90°。

(2)颁奖过程中托盘一直要保持平稳。

(3)颁奖时,双手递承且向前微躬15°,让颁奖人接过奖杯或证书。

活动体验

1. 练习托盘装盘和托盘内物品增减。
2. 练习卸盘。

技能实训

实训内容	轻托
实训目的	通过起托、平地行走、上下楼梯行走、下蹲拾物、卸盘等实训掌握轻托的动作要领,灵活自如地运用托盘,具有一定的承重能力
实训准备	圆形托盘、罐装啤酒、葡萄酒瓶、白酒瓶
实训方法	1. 学生服务桌练习装盘、起托和卸盘; 2. 托葡萄酒1瓶、白酒2瓶,平地行走练习托盘承重能力; 3. 托罐装啤酒、葡萄酒和白酒各1瓶,上下楼梯练习托盘平稳性; 4. 托罐装啤酒、白酒各1瓶,下蹲拾葡萄酒1瓶,练习托盘物品重心变化的灵活性

项目	考核标准	分值	得分
理盘	根据所托物品选择合适的托盘,将托盘洗净擦干	5	
装盘	根据装盘原则合理装盘,要求安全、整洁、美观	10	
起托	站在工作台前,曲膝直腰,右手将托盘拉出台面1/3;左手五指分开,掌心向上成凹形,用大拇指指尖到指根部位和其余四指的指尖连成一个平面与托盘接触;小臂垂直于胸前,手肘距身体一拳距离	10	

续表

项目	考核标准	分值	得分
托盘站立	收腹挺胸抬头、头正肩平,目光平视前方	10	
托盘行走	行走时托盘平稳,酒水不洒不溢,姿势正确,仪态优美	10	
托盘承重	达到相应时间要求,动作规范、表情轻松	10	
上下楼梯行走	上下楼梯行走托盘平稳,物品不倒	10	
下蹲拾物	能顺利捡起物品,动作流畅,托盘物品不倒	10	
托盘外、内移	托盘水平移动,物品不倒	10	
卸盘	到达目的地,曲膝直腰,先将托盘前端 1/3 放在工作台上,然后平稳地将托盘推进去放好,再安全取出盘内物品,按要求放到工作台上	10	
整体评价	托盘平稳,动作规范,姿势优美,表情自然	5	
合　计		100	

任务二 重托

情境导入

中午餐前例会时,实习生小乐接到任务:晚上宴会厅将有一个 40 桌的大型宴会,需要服务员进行菜肴服务。宴会的第一道菜是龙虾刺身,餐盘非常大。厨房准备了餐车进行运送,方便安全。

任务学习

重托,主要是用于托运大型菜点、酒水和盘碟,一般所托重量为 10~20 kg。因为盘中所托送的物品较重,故称重托(图 2–10)。重托的托盘,一般选用质地坚固(塑胶、木制)的大、中长方形盘。其与轻托最大的不同是将托盘托在肩上,也称肩托。目前国内饭店使用重托的不多,一般用小型手推车递送重物,既安全又省力。

重托要领:双手将托盘移至工作台外,用右手握住托盘的一边,左手伸开五指托住盘底,掌握好重心后,用右手协助左手向上托起,同时左手向上弯曲臂肘,向左后方旋转 180°,擎托于左肩外上方，做到盘底不搁肩、盘前不靠嘴、盘后不靠发，右手自然摆动或扶于托盘的前内角。

▲图2-10 重托

重托操作规范

（一）理盘

要求：

(1)根据所托物品选用合适的托盘。

(2)将托盘盘内和盘底洗净、擦干。

注意事项：

(1)重托托送的物品较大，要选择大小合适的托盘。

(2)重托以托送菜肴为多，易沾油渍，使用后要及时将托盘擦干净。

（二）装盘

要求：

(1)物品重量均匀分布于盘内，托起后重心靠近身体。

(2)摆放物品时，高低、大小摆放协调。

注意事项：摆放的物品之间留有间隙，以免行走时碰撞发出声响。

（三）起盘

要求：

(1)将托盘移至工作台边缘，右手扶住托盘。

(2)腰向左前弯曲，双脚分开略下蹲，左手臂呈轻托姿势找准重心，五指前伸，用全掌托住盘底。

(3)右手协助左手，慢慢将托盘托起，并转动托盘送至左肩外上方，右手撤回，盘底离肩约 2 cm。

注意事项：

(1)起托时要保持用力均匀，将托盘一托到底。

(2)重托时要做到盘底高不过耳、低不搁肩。

（四）行走

要求：

(1)上身挺直，两肩放平，行走时步伐轻快、肩不倾斜、身不摇晃。

(2)掌握重心，保持平稳，动作、表情轻松自然。

注意事项：

(1)上身挺直、肩平，托盘平、正，目光平视，行走保持轻松、平稳。

(2)行走时右手自然摆动或扶托盘的前内角。

（五）服务

要求：

(1)平。托送时掌握好平衡，平稳轻松。行走时要保持盘内平、肩平，动作协调。

(2)稳。装盘要合理稳妥，不要在盘内装力不能及的物品。托盘不晃动，行走时不摇摆，转动灵活不碰撞，使人看了有稳重、踏实的感觉。

(3)松。在手托重物的情况下，动作、表情要轻松自如。上身保持正、直，行走自如。

注意事项：

(1)在使用重托运送菜点和餐后收拾餐具时，姿势正确、距离适当，不可将汤汁、残羹洒溅在客人身上。

(2)盘中堆物的大小、轻重要调整得当，分档安放，高位物品和分量重的餐具靠里档。

（六）卸盘

要求：

(1)左脚前，右脚后，曲膝直腰，右手协助将托盘放于工作台上。

(2)徒手端送菜盘上桌或取出盘内不用的餐用具。

注意事项：托盘平稳，防止盘内菜点外滑、餐用具滑落。

知识链接

托盘行走时的五种步伐

(1)常步。步履均匀而平缓，快慢适当。适用于餐厅日常服务工作。

(2)快步（急行步）。较之常步，步速要快一些，步距要大一些，但应保持适宜的速度，不能表现为奔跑，否则会影响菜品形态或使菜肴发生意外的泼洒；端送火候菜或急需物品时，在保证菜品不变形、汤汁不洒的前提下，以较快的速度行走。

(3)碎步（小快步）。步距小而快地中速行走。运用碎步，可以使上身保持平稳，使汤汁避免溢出。适用于端送汤汁多的菜肴及重托物品。

(4)跑楼梯步。身体向前倾，重心前移，用较大的步幅，一步跨两个台阶，一步紧跟一步，上升速度快而均匀，巧妙地借用身体和托盘运动的惯性，既快又节省体力。此法适用于托送菜品上楼。

(5)垫步（辅助步）。需要侧身通过时，右脚侧一步，左脚跟一步。当餐厅服务人员在狭窄的过道中间穿行时或准备将所端物品放于餐台上时应采用垫步。

活动体验

1. 练习托盘托物快速行走。
2. 练习托盘托物跑楼梯。

技能实训

实训内容	重托		
实训目的	掌握重托的操作规范		
实训准备	方形托盘、大汤碗		
实训方法	1.学生服务桌练习起托和卸盘; 2.学生练习重托行走		
项目	考核标准	分值	得分
理盘	垫布平正,托盘整洁	5	
装盘	符合装盘原则,物品重量分布均匀	10	
重托姿势	符合重托姿势	15	
臂力训练	达到相应时间要求,动作规范、表情轻松	25	
托盘行走	头正、肩平、盘平,汤盆内汤汁不外溢,步履轻快	25	
卸盘	按卸盘标准进行	10	
整体评价	表情轻松,动作规范,有稳重、踏实的感觉	10	
合计		100	

项目三

餐巾折花

餐巾折花即餐厅服务员将餐巾折成各式花样的餐巾花，插在酒杯内或放置在盘碟中，供客人在进餐过程中使用。餐巾折花是一项艺术创作，把餐巾的实用性和造型的艺术性巧妙地融合在一起。餐巾花是餐桌上极好的装饰品，能起到美化席面、烘托气氛的作用。

项目目标

- 能描述餐巾及餐巾花的种类和特点。
- 能熟练掌握餐巾折花的基本技法，根据要领折叠各种造型的盘花、杯花和环花。
- 能根据宴会主题及餐巾花的应用原则设计适宜的餐巾花，美化宴会台面。

任务一 餐巾花概述

情境导入

餐前例会时，实习生小乐被分配和另一名服务员共同服务包厢。这是一位老人过70岁的生日宴。小乐在进行餐台布置时，用餐巾布折叠了祝寿蜡烛餐巾花放置在主人位上。其他餐位也折叠了玩具胖娃、公主桂冠、星星扇面、一帆风顺等餐巾花进行点缀。餐台布置得非常美观，获得了客人的好评。

任务学习

一、餐巾概述及种类

(一) 餐巾概述

餐巾，又称“口布”，英文“ Napkin”，是宴会酒席及家庭就餐中使用的保洁方巾。

据说在15世纪时的英国，因为还没有剃刀，男性经常留着大胡子。在当时还没有刀叉的情况下，手抓肉食时很容易把胡子弄得全是油，他们便扯起衣襟往嘴上擦。于是家庭主妇就在他们的脖子上挂块布巾，但由于这种大块的餐巾使用时不够便捷，伦敦有一名裁缝想出了一个好主意，将餐巾裁成一块块的小方块，因使用时很方便，从而逐渐形成了现在宴席上用的餐巾。

追溯历史，在宴席上使用餐巾，也是我国的古老文化传统。《周礼·天官·幂人》所载职事中，就记载了幂人掌管用毛巾，已初具“餐巾”的雏形。另据故宫博物院编辑的《紫禁城帝后生活》介绍，清代皇帝吃饭，使用一种宫廷中称为“怀挡”的方巾。这种方巾用明黄绸缎制成，绣工精细，花纹别致，福寿吉祥图案华丽夺目。巾的一角还有扣襻，便于就餐时套在衣扣上使用。从形状和使用方法来看，这就是一种高档的餐巾。这说明餐巾也是我国的“土产”，并非全是舶来品。现时的餐巾，是中西文化交融的一种产物。

（二）餐巾的种类与特点

1. 全棉和棉麻混纺餐巾

特点是吸水去污性能好，浆洗后挺括，易折叠，造型效果好，因而，折花造型选用棉制的餐巾。但每次用后都需洗净、上浆、烫挺，操作比较麻烦。

2. 化纤餐巾

特点是有弹性，比较平正，不用浆烫，使用较方便，且寿命较长。但吸水去污性能较差，折叠造型的可塑性不如棉制的好。

3. 维萨餐巾

特点是色彩鲜艳丰富、挺括，方便洗涤、不褪色并且经久耐用，可用 2 ~ 3 年，但吸水性差、价格较高。

4. 纸质餐巾

特点是一次性使用，成本较低，一般用于快餐厅和团队餐厅。

各种餐巾、波浪曲线餐厅如图 3–1、图 3–2 所示。

▲图3-1 各种餐巾

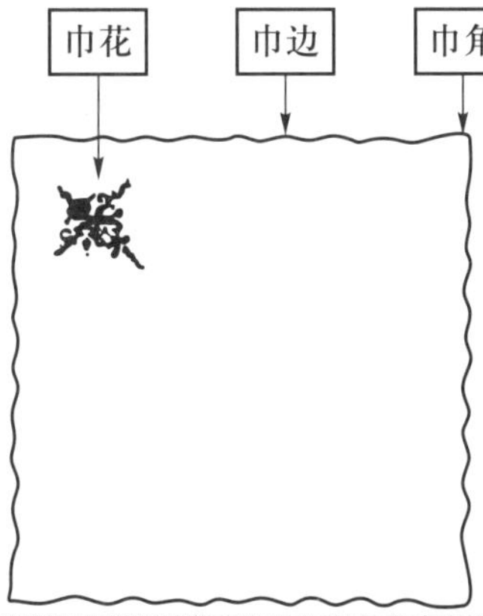

▲图3-2 波浪曲线的餐巾

二、餐巾折花的基础折叠法

餐巾折花的基础折叠法，一般可分为正方折叠、长方折叠、长方翻角折叠、条形折叠、三角折叠、菱形折叠、锯齿折叠、尖角折叠、提取翻折、翻折角折叠 10 余种。

（一）正方折叠

餐巾的巾边平行相对，两次对折成正方形（图 3–3）。这是一种使用较多的折叠法。

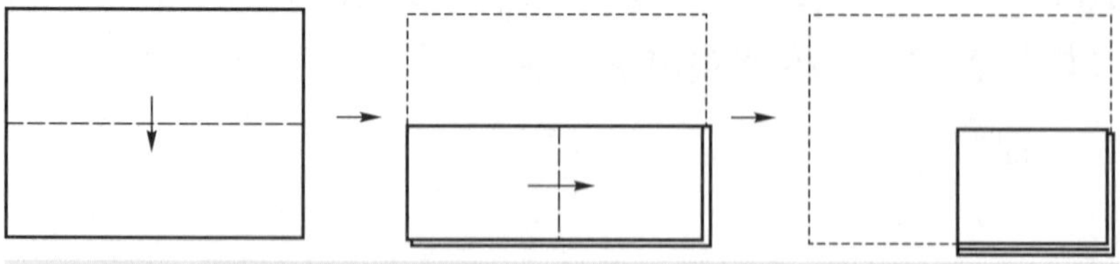

▲图3-3　正方折叠

正方形在折叠过程中，改变巾角的翻折方法、数量和位置，再行折裥，即可变化出多种花型。巾角翻折变化一般有两种方法。

一是先折角再折叠成正方形（图 3–4）。巾角藏于方形之中（即内折角），然后再折裥成型。

二是折叠成方形后再折角（图 3–5）。巾角折在方形之外（即外折角），然后再折裥成型。

外折角的巾角一般采用对齐翻折（图 3–6），也可将折角错位翻折，然后再折裥成型。

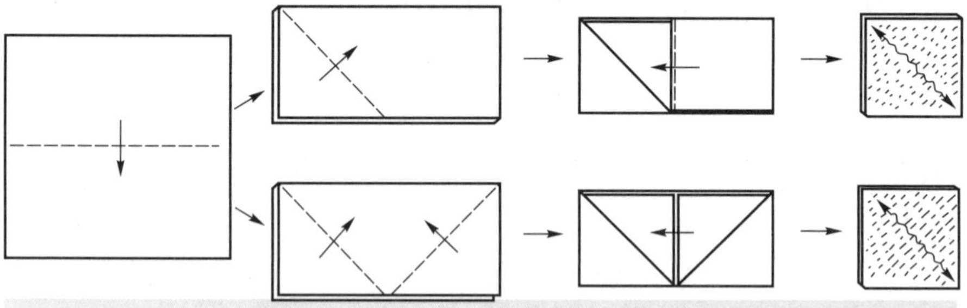

▲图3-4　先折角再折叠成正方形

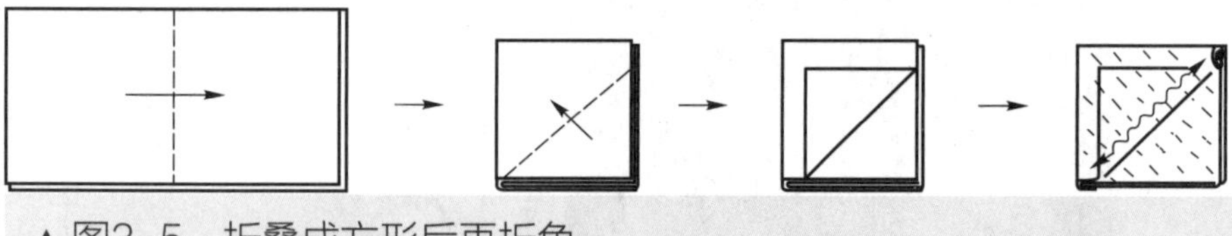

▲图3-5　折叠成方形后再折角

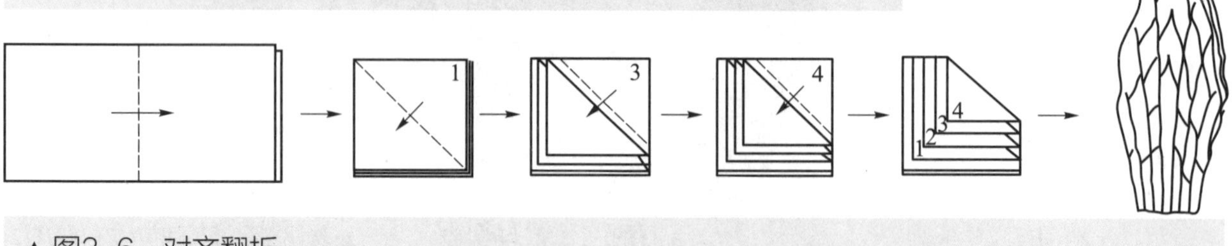

▲图3-6　对齐翻折

（二）长方折叠

长方折叠是餐巾巾边平行折叠成长方形的一种折叠法，有两种方法：一是多层相叠成窄长方形（图 3–7）；二是双层平摊成阔长方形（图 3–8），然后在此基础上再折裥制作成型。它通过折叠层次、距离的变化而改变花型。

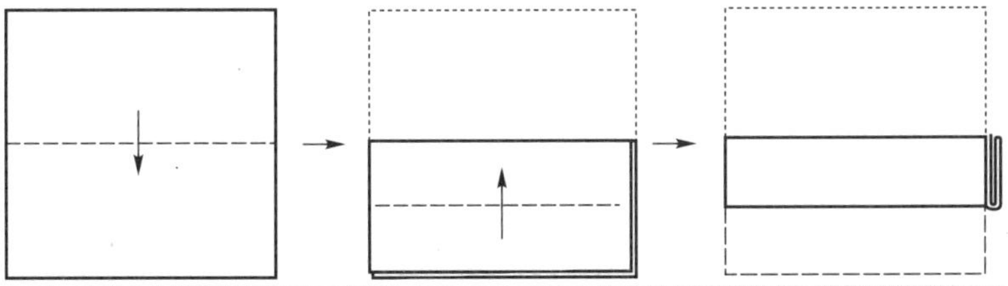

▲图3-7 多层相叠成窄长方形

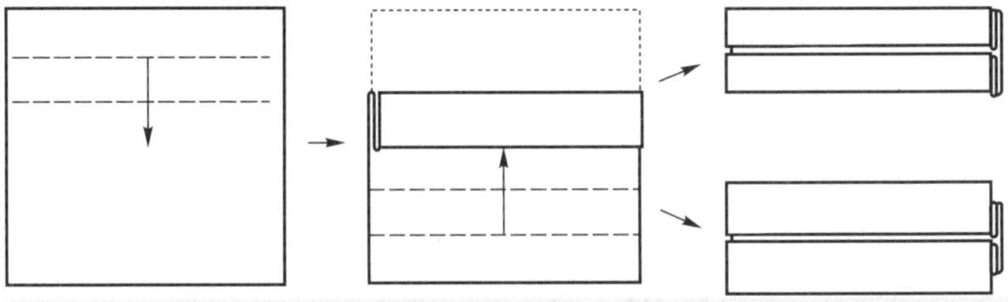

▲图3-8 双层平摊成阔长方形

（三）长方翻角折叠

长方翻角折叠是将餐巾巾边平行相叠折成长方形后，再将巾角翻上的一种折叠法（图3-9）。巾角翻折有单面翻角、双面翻角、交叉翻角等变化。通过变化折叠的层次、翻角的数量、角度的大小而变化花型。

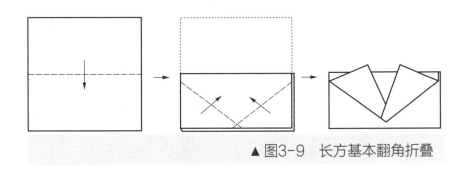

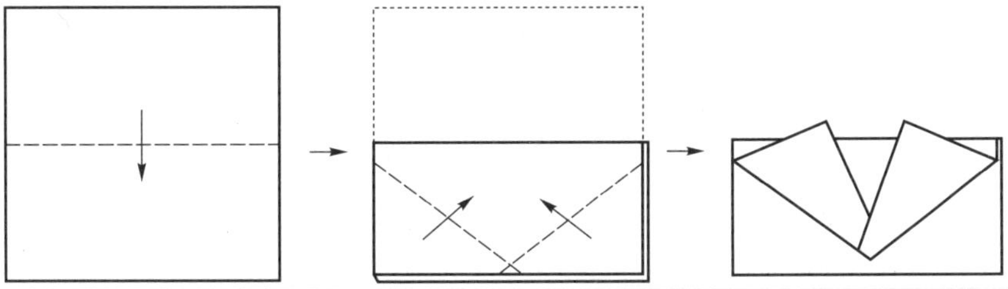

▲图3-9 长方基本翻角折叠

（四）条形折叠

条形折叠是将餐巾摊平直接折裥或对折后再折裥而成细长条形的一种折叠法。按照餐巾折叠时放置的角度不同，可分为巾边平行折裥（图3-10）与对角折裥（图3-11）。

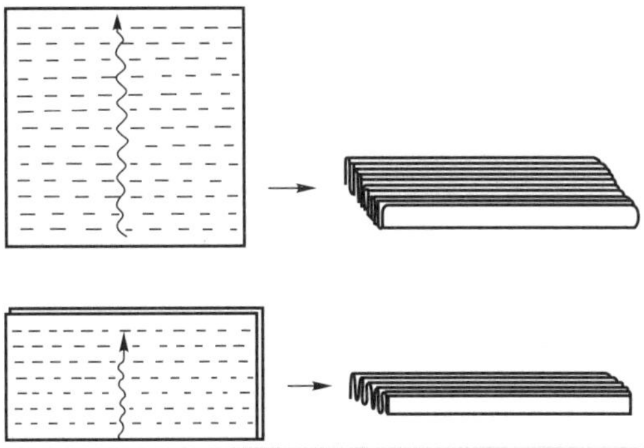

▲图3-10 巾边平行折裥

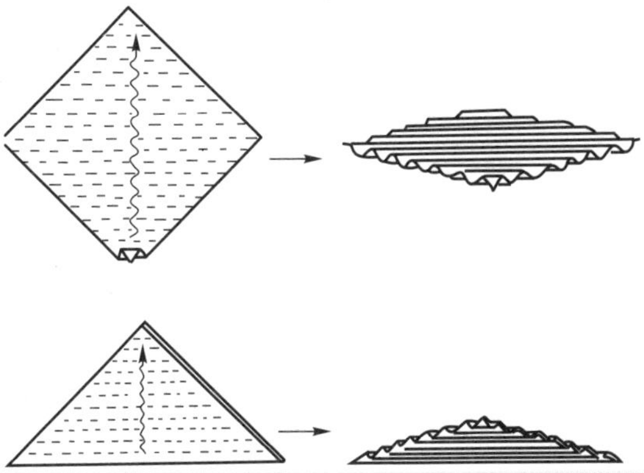

▲图3-11 对角折裥

（五）三角折叠

三角折叠是将餐巾的巾角相对折叠成三角形（图 3–12）或由餐巾相对的两边中点向第三边中点翻折成双层三角形（图 3–13）的一种折叠法。在三角形的基础上，通过卷折（图 3–14）、翻折角（图 3–15）、插入（图 3–16）等方法变换折花花型。

（六）菱形折叠

菱形折叠是将餐巾的巾角相对，餐巾平行折叠成菱形的一种折叠法（图 3–17）。

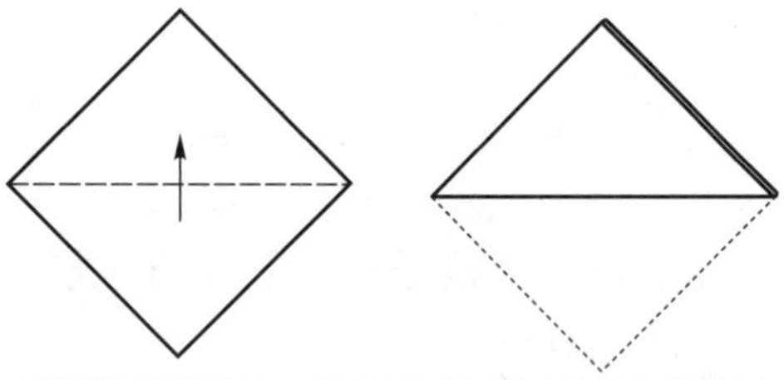

▲图3–12　折叠成三角形

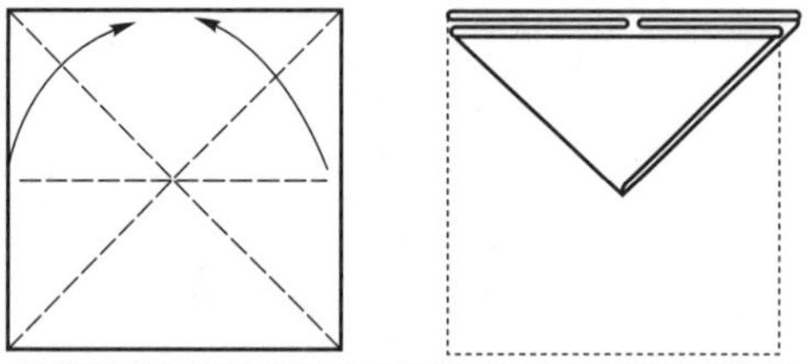

▲图3–13　双层三角形

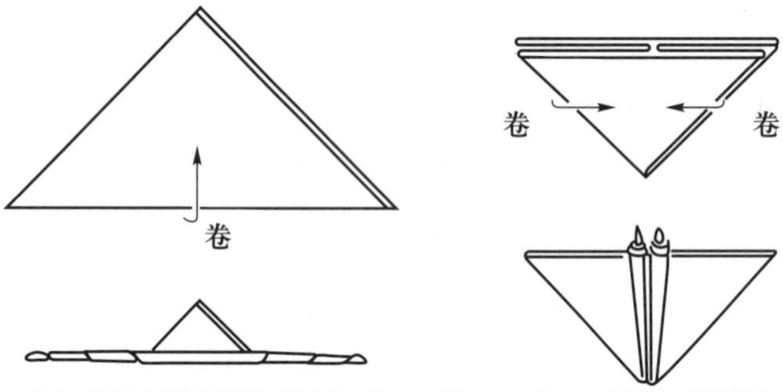

▲图3–14　卷折

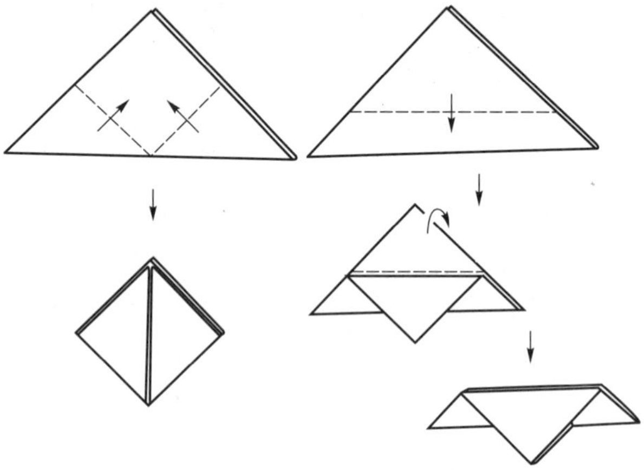

▲图3–15　翻折角

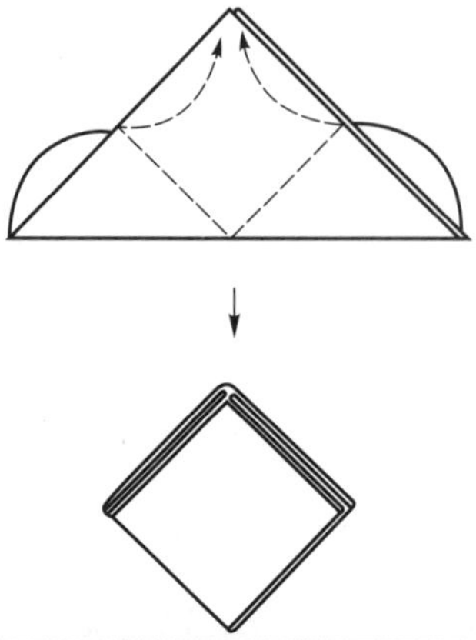

▲图3–16　插入

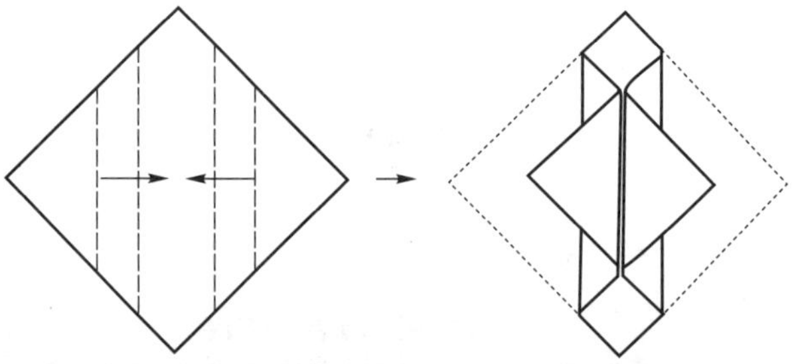

▲图3–17　菱形折叠

通过变化折裥的数量、调节折余的两端距离、改变中间相叠部位的宽窄等，可以折出不同的花型。不少鸟类与动物的造型均用到此类折叠法。

菱形折叠的折裥有两种变化（图 3–18）：一是成型后直接在正面折裥，其特点是折拢后头、尾分叉，线条纵横层次变化多；二是将菱形翻而再折裥，如此折拢后，头尾裹紧，表面较光滑平整。

（七）锯齿折叠

锯齿折叠是将餐巾的四巾角错位相交，折叠而成锯齿状的一种折叠法。根据齿间距离的大小，可分为大锯齿、小锯齿（图 3–19）、双齿等形状，巾角重叠即成双齿状。

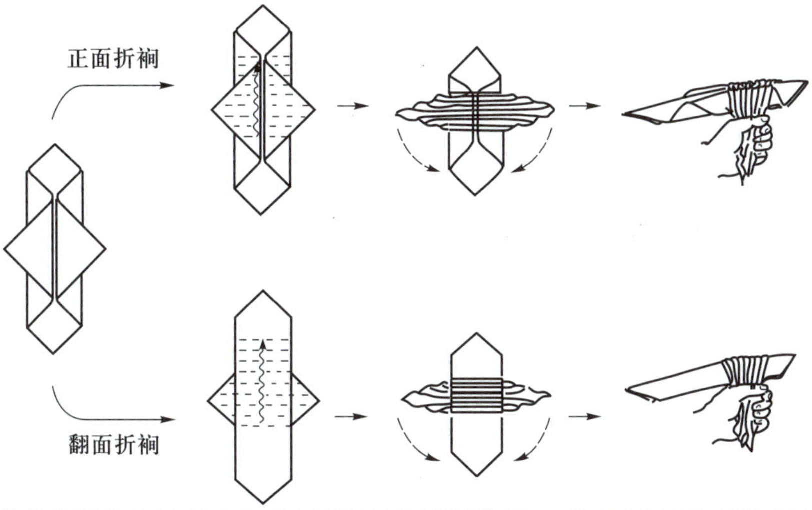

▲图3–18　菱形折叠的折裥的两种变化

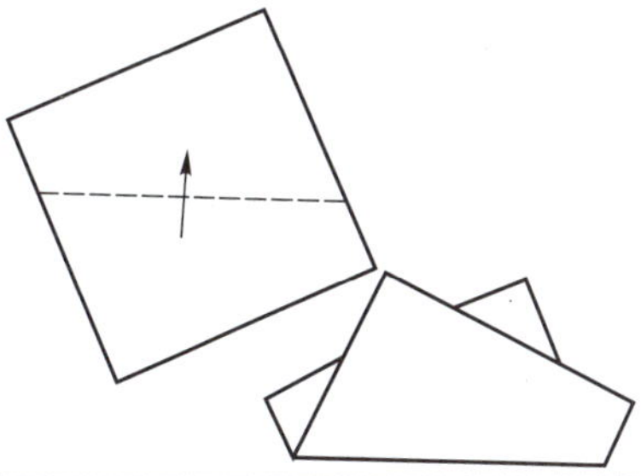

▲图3–19　小锯齿状

（八）尖角折叠

尖角折叠是将餐巾的一角固定，两边向中间折叠（图 3–20）或向中间卷折（图 3–21）而成尖角形的一种折叠法。此种方法适用于一头大一头小的物体造型。

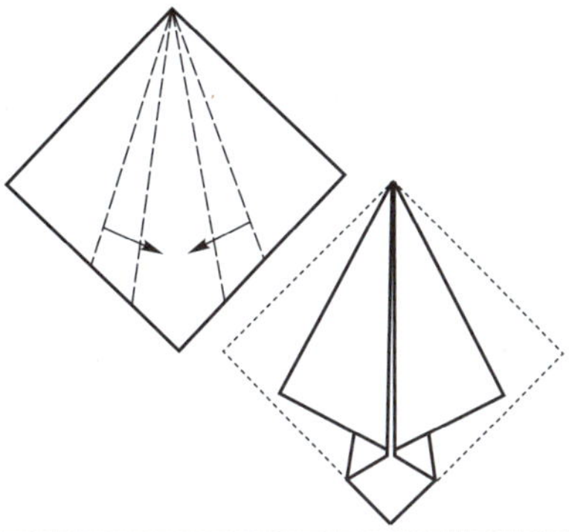

▲图3–20　两边向中间折叠

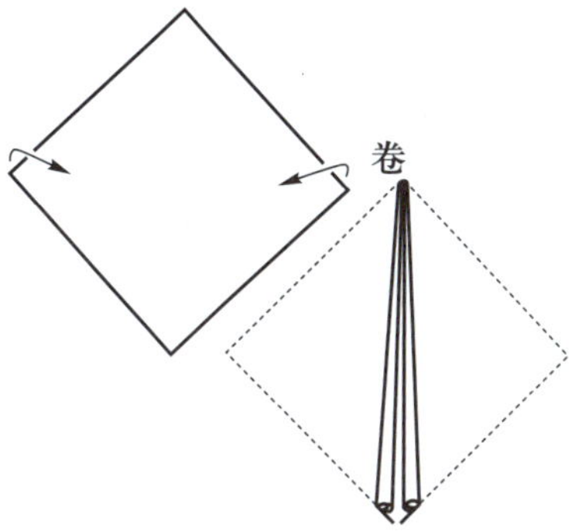

▲图3–21　向中间卷折

（九）提取翻折

提取翻折是将餐巾摊平，用手指捏住餐巾的中心（图 3–22）或四角（图 3–23）或四边的中点(图 3–24）直接提动四角巾边，再翻转顶起(图 3–25）的一种方法。在上述初步造型的基础上，通过翻折而成各种花型。此法提取虽较简便，但也要注意，提取部位不能偏斜，翻折巾角要大小一致，否则也会影响造型美观。

（十）翻折角折叠

翻折角折叠是将餐巾直接通过一角或数角的翻折或折裥组合的一种折叠法。可将餐巾的四角向中心经过正反面多次翻折而成（图 3–26），或将餐巾的一角通过翻折、折裥而成（图 3–27），还可先将餐巾的角或几角折叠成型，再通过翻折，组合而成（图 3–28）。

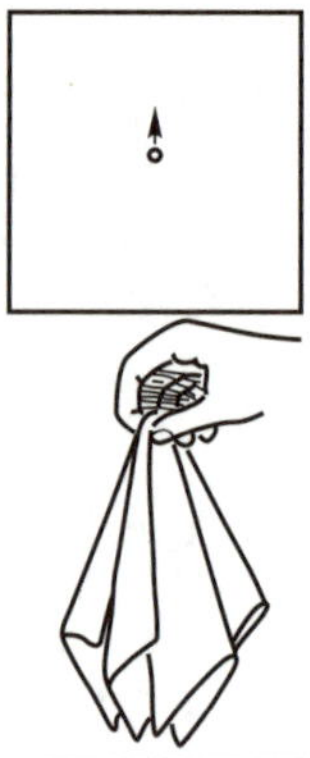

▲图3-22　捏住餐巾的中心

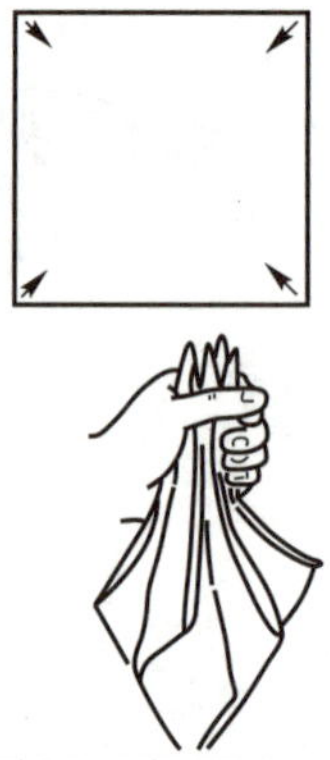

▲图3-23　捏住餐巾的四角

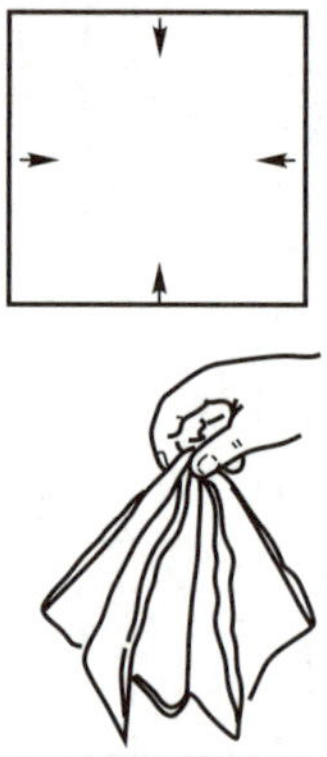

▲图3-24　捏住餐巾四边的中点

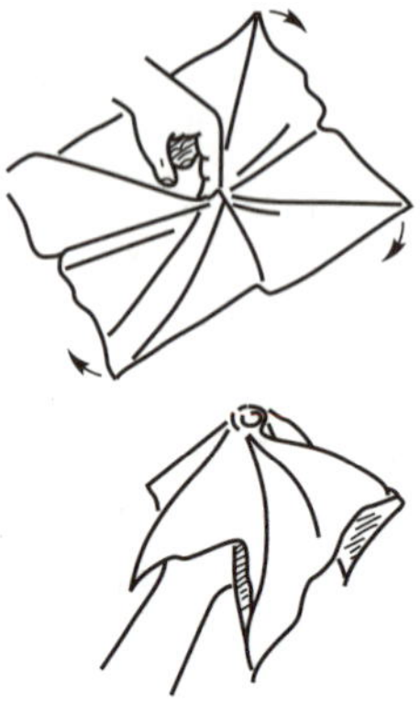

▲图3-25　翻转顶起

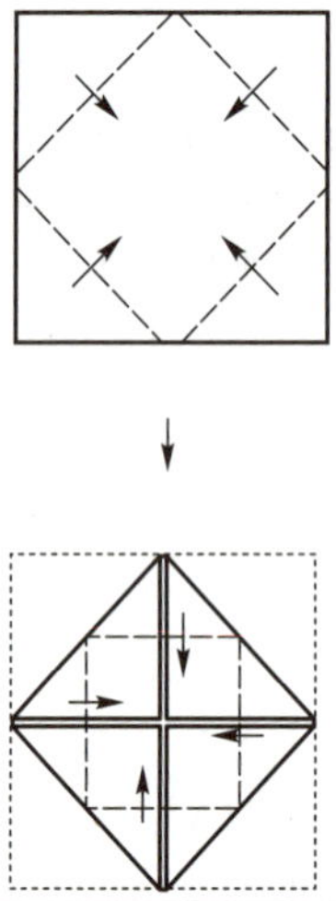

▲图3-26　四角向中心

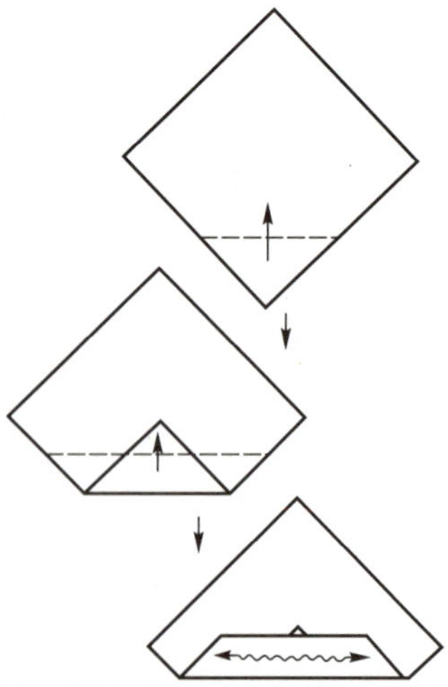

▲图3-27　翻折、折裥

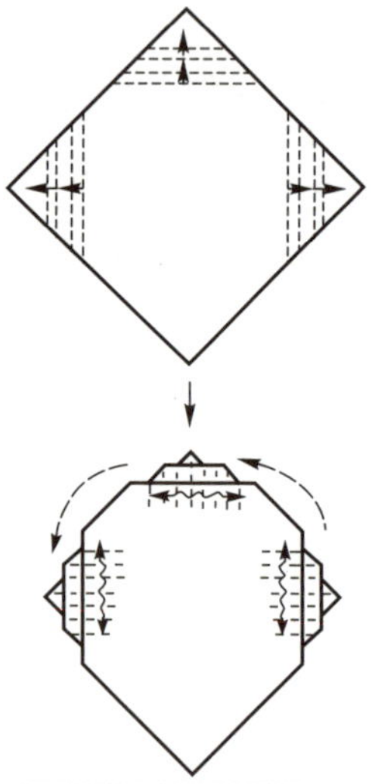

▲图3-28　折叠、翻折

折裥组合的折法比较麻烦，几角同时折裥，然后再组合时，必须十分细心，否则就无法成型。

小贴士

折制符号

	表示折叠的方向		表示向背面翻折
	表示餐巾折叠的部位		曲线表示折裥，箭头表示折裥的方向
	表示折叠的方向和部位		表示由中间向两边折裥，以保持两边折裥的均匀对称
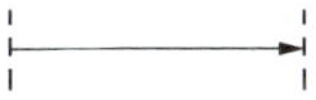	表示箭头间两条折缝相叠		表示折巾按说明所示要求进行操作
	表示箭头或者折纹被遮盖的部分		表示折叠巾帕的长度（所注数字供初学者参考），熟悉之后可按巾帕大小和造型需要灵活变化

知识链接

餐巾的洗烫和保管

1. 餐巾的洗烫

棉制餐巾每次使用时，一般都需经过浆洗、烫挺，所折花型才能显得挺拔美观。洗烫方法：先将餐巾用清水洗净漂清，再放入浆液中上浆。浆好的餐巾晾至八成干再烫，也可以先晒干，烫时再喷少许清水。熨烫时，要将餐巾的四角绷好拉挺，熨斗用力均匀，烫平、烫正，不能倾斜，否则会影响餐巾花的折叠、对称。

2. 餐巾的保管方法

(1)用过的餐巾要及时洗涤。潮湿的餐巾如当天来不及清洗，要摊晾在通风口处，不要堆捂在一起，避免产生异味、被虫咬或腐烂。

(2)洗净的餐巾一定要晾干，等热气散尽后再收藏，以防餐巾变质。

(3)存放地点要规范。不同规格种类的餐巾要分门别类收藏，以便拿取。要有专人负责，勤于清点。

(4)餐巾要轮换使用，以防久放发脆。

活动体验

1. 练习餐巾的基础折叠法。
2. 练习餐巾的推折技法。

技能实训

实训内容	餐巾折花基本技法——折叠、推折		
实训目的	掌握餐巾折花折叠和推折技法的要领		
实训准备	餐巾布		
实训方法	1. 学生观看技法微课； 2. 教师示范讲授要点； 3. 学生分组练习		
实训考核(1 分钟)			
项目	考核标准	分值	得分
折叠要领	规范、一次到位	15	
掌握情况	能完成 10 种餐巾基本折法	25	
推折要领	动作熟练、规范	15	
掌握情况	褶皱均匀	25	
速度控制	1 分钟内完成 1 种餐巾花造型	20	
合计		100	

任务二 餐巾折花的技法

餐巾花品种繁多，在宴会服务中，如果能够根据宴会性质折叠合适的餐巾花，将带给客人意外之喜。

情境导入

今日，小乐领到的任务是餐台布置中的餐巾花折叠。临湖中餐厅面朝西湖的一侧有两人位餐桌，经常有情侣来用餐。小乐折叠了适合男士的领带餐巾花和适合女士的托玉披肩餐巾花。小小的创意增添了餐台不少的美感。

任务学习

一、餐巾花的分类

（一）按折叠方法与放置用具的不同分类

按折叠方法与放置用具的不同，餐巾花可分为杯花、盘花和环花 3 种。

1. 杯花

它是将折好的花型放入酒杯或水杯中，特点是立体感强、造型逼真，常用推折、捏和卷等手法；缺点是容易污染杯具，不易提前折叠储存，从杯中取出后即散型并且褶皱感强（图 3–29）。

▲图3-29　杯花

2. 盘花

它是将折叠好的餐巾花直接放在餐盘中或台面上，特点是手法卫生简洁，可以提前折叠便于储存，打开后平整，目前被中、西餐厅广泛使用（图 3–30）。

(a)　(b)　(c)

▲图3-30　盘花

3. 环花

它是将餐巾平整卷好或折叠成型，套在餐巾环内。餐巾环也称为餐巾扣，有瓷制、银制、象牙、塑料、骨制等。此外餐巾环也可用色彩鲜明、对比感强的丝带或丝穗带代替，将餐巾卷成型，中央系成蝴蝶结状，然后配以鲜花；餐巾环花通常放在装饰盘或餐盘上，特点是传统、简洁和雅致（图 3–31）。

(a)

(b)

▲图3-31 环花

（二）按造型外观分类

按造型外观，餐巾花可分为植物类、动物类、实物类3种。

1. 植物类

包括各种花草和果实造型，如月季、荷花、水仙花、竹笋和玉米。其造型美观、变化多样（图3-32）。

(a)

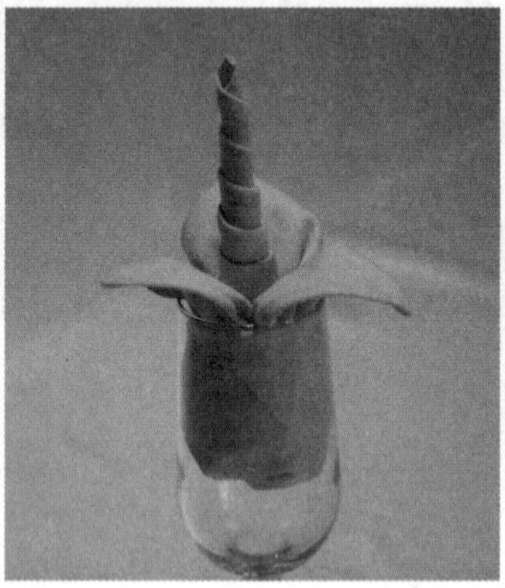

(b)

(c)

▲图3-32 植物类

2. 动物类

包括鱼虫鸟兽造型，如鸽子、海鸥、金鱼、蝴蝶、孔雀和燕子，有的取其特征，形态逼真，生动活泼，但要做到形象逼真，需反复练习（图3-33）。

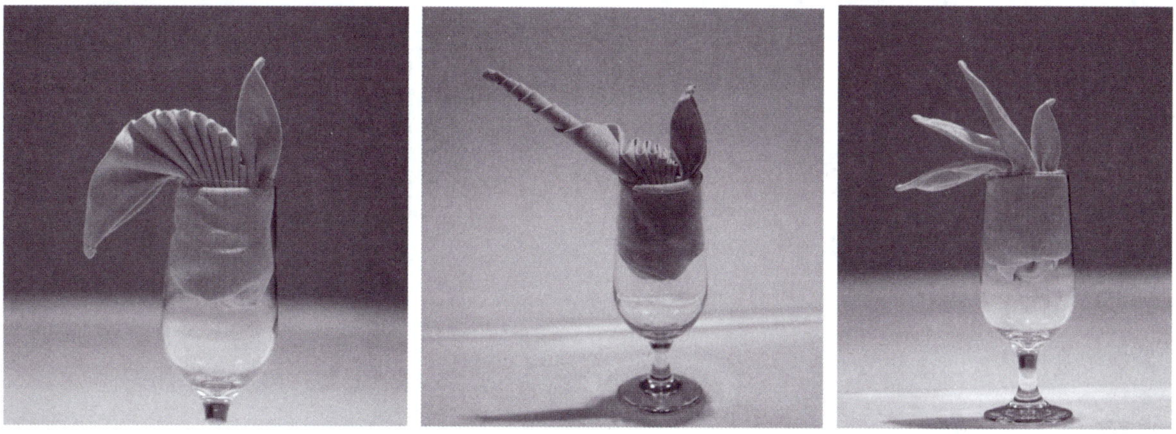

（a） （b） （c）

▲图3-33 动物类

3. 实物类

指模仿自然界和日常生活中的各种形态的实物造型，如冰川、折扇、水晶鞋、花篮（图 3-34）。

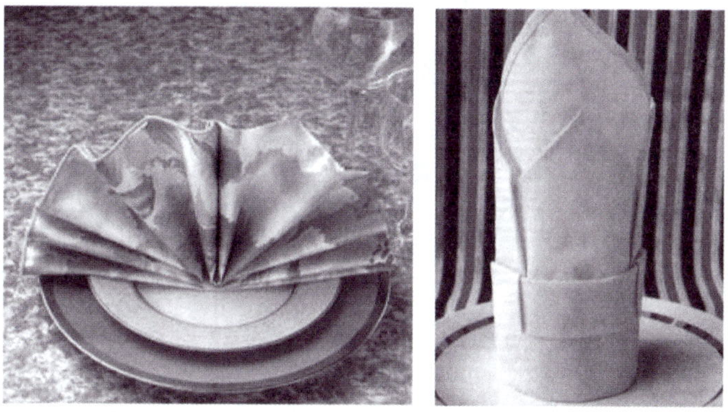

（a） （b）

▲图3-34 实物类

二、餐巾折花的技法

（一）折叠

折叠是最基本的餐巾折花技法，几乎所有折花都会用到（图 3-35）。

操作技法：将餐巾一叠二，二叠四，单层叠成多层，折叠成正方形、矩形、三角形、锯齿形、梯形等几何形状。

折叠要领：看准折缝和角度，一次折成，避免因反复折叠影响造型的挺括美观。

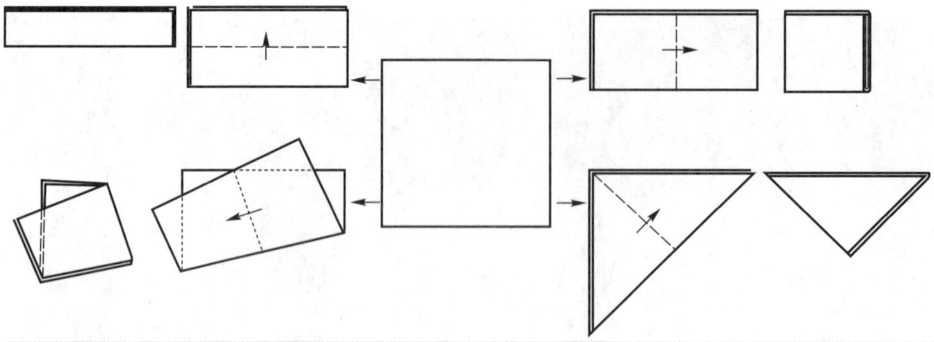

折叠技法

▲图3-35 折叠

（二）推折

推折是打折时应用的一种折法。推折时应在干净光滑的台面或干净托盘上。将餐巾叠面折成一褶一褶的形状，要求距离相等，高低、大小一致，使花型层次丰富、紧凑、美观。推折分为直推（图 3-36）和斜推（图 3-37）。

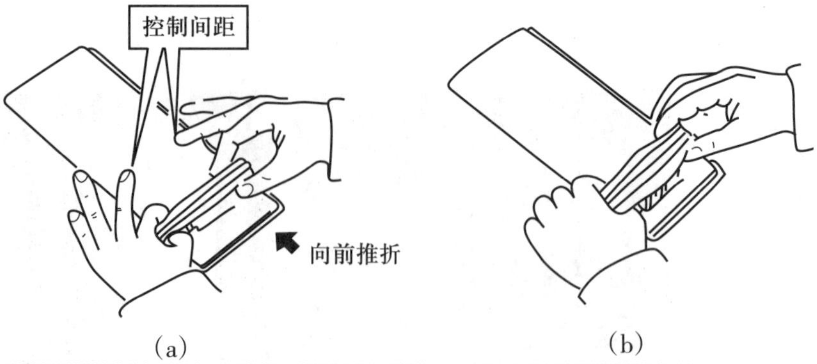

▲图3-36 直推

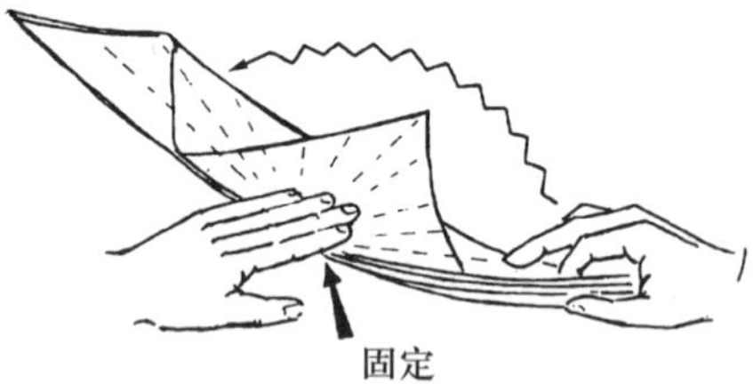

▲图3-37 斜推

操作技法：直褶的两头大小一样，平行用直推法即可。直推操作技法为双手拇指、食指紧握餐巾，两个大拇指相对成一线，指面向外，中指控制好下一个折裥，拇指、食指的指面紧握餐巾向前推折到中指处，中指再腾出去控制下一个折裥的距离，三指相互配合，向前推折。斜褶一头大另一头小，形似扇状，用斜推法。斜推操作技法为用一手固定所折餐巾的中点不动，另一手按直推法围绕中心点沿圆弧形推折，其指法基本与直推法相同。

直推技法

斜推技法

推折要领：操作的台面必须光滑，否则推不动。推折时拇指、食指紧紧握裥，不能松开，中指控制间距将餐巾向前推折，不能向后拉折，否则折裥距离大小不均，有碍造型美观。要求两边对称的折裥，一般应从中间向两边推折。

（三）卷

卷是将餐巾卷成圆筒形并制出各种花型的手法，分为平行卷（直卷）和斜角卷（螺旋卷）两种(图 3-38)。

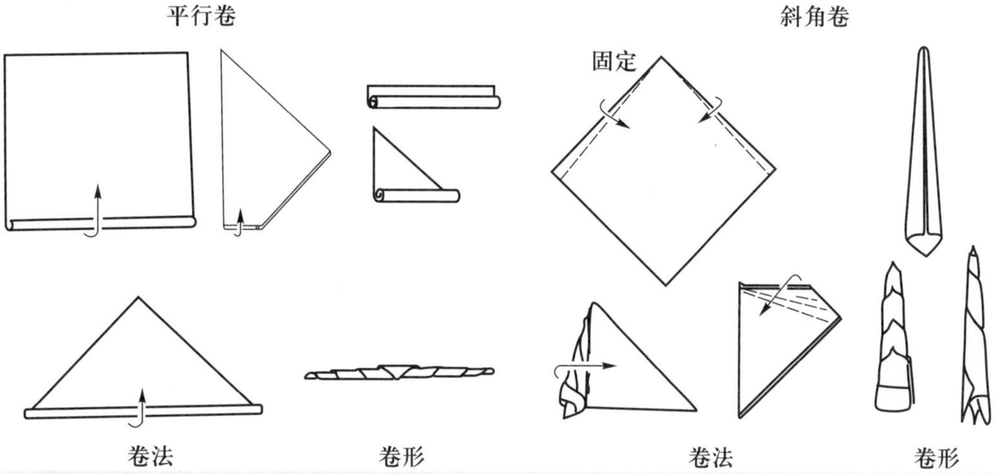

▲图3-38 卷

操作技法:平行卷操作技法为双手用力均匀,餐巾两头同时平行一起卷拢,餐巾两边形状必须一样,要求卷得平直。斜角卷操作技法为餐巾一头固定只卷一头,或者一头少卷,另一头多卷,要求双手能按所卷角度的大小,互相配合卷。

平行卷技法

卷的要领:要求卷紧,卷松了会显得软弱无力,容易软塌弯下,影响造型的美观。

斜角卷技法

(四) 翻拉

翻指餐巾折制过程中,上下、前后、左右、里外改变部位的翻折(图 3-39);拉是牵引,常常与翻的动作相配合,将餐巾折、卷后的部位翻拉成所需花样(图 3-40)。通过拉使得折巾的线条曲直显明,花型显得挺拔有生气。

操作技法:翻拉一般都在手中操作,一手握住所折的餐巾,另一手翻折,将下垂的巾角翻上,或将夹层翻出,拉折成所需的形状。

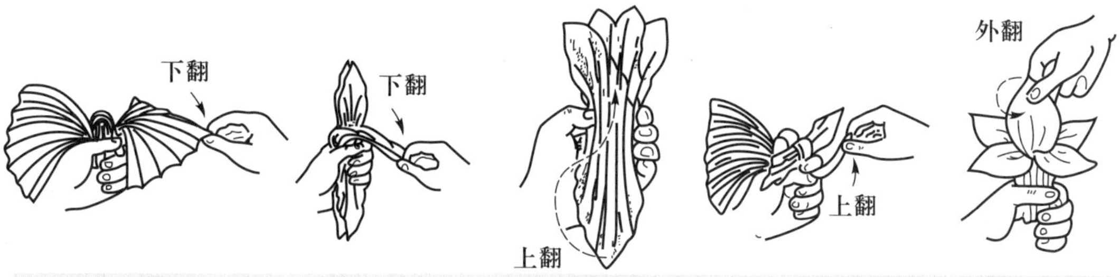

▲图3-39 翻

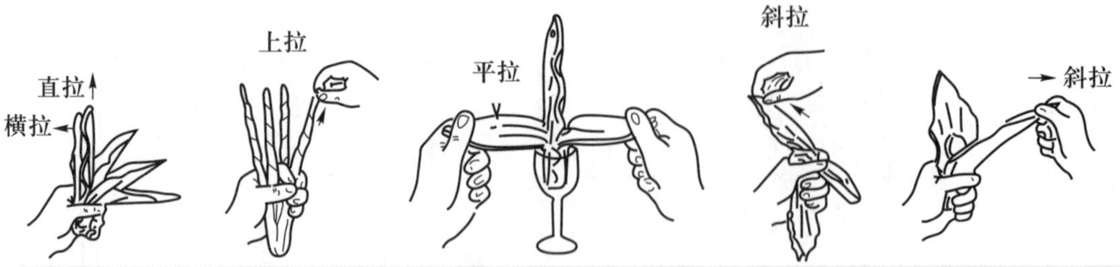

▲图3-40 拉

翻拉技法

翻拉要领：在翻拉过程中，两手必须配合好，握餐巾的左手要根据右手翻拉的需要，该紧则紧，该松则松。配合不好，就会翻坏拉散，影响成型。在翻拉花瓣、叶子及鸟的翅膀时，一定要注意左右前后大小一致，距离对称。拉时用力均匀，不要猛拉。

（五）捏

捏主要用来做鸟等其他动物的头（图 3-41）。

操作技法：用一只手的拇指、食指、中指三指进行操作，将所折餐巾巾角的上端拉挺，然后用食指将巾角尖端向里压下，中指与拇指将压下的巾角捏紧，捏成一个尖嘴作为鸟头。

捏的要领：捏住的头颈部位要合拢，不要散开；三指配合往上提起造型才会挺括。

所捏的鸟头一般有几种形状：一是上翘嘴形（图 3-42），用拇指与食指握住中角尖端，拉长捏紧，弯成上翘的尖嘴。二是平尖嘴形（图 3-43），巾角尖端中间向里压下，这是最常用的一种形状。三是向下嘴形（图 3-44），尖端中间压折较深，嘴尖向下。四是弯角嘴形（图 3-45），在平尖嘴形基础上，尖端再向下翻折成弯钩形。五是通过翻捏而成的嘴形，嘴角上方平直（图 3-46）。其他还有些特殊的嘴角，如长而阔扁（图 3-47）、大而方正（图 3-48）、三角形（图 3-49）。

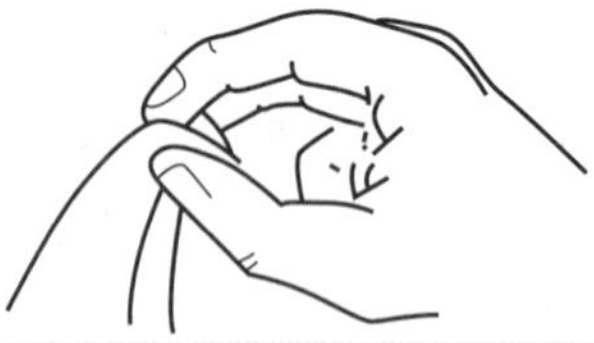
▲图3-41 捏

▲图3-42 上翘嘴形

▲图3-43 平尖嘴形

捏技法

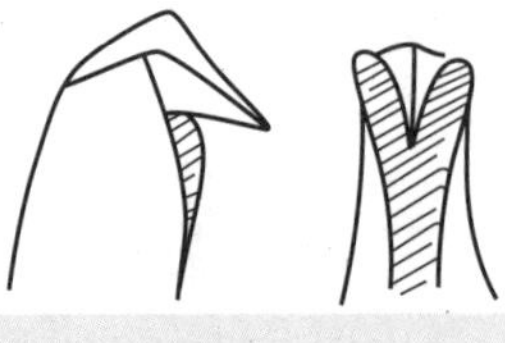
▲图3-44 向下嘴形

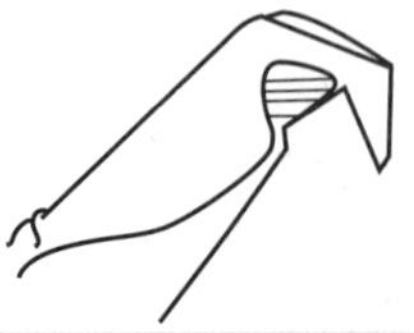
▲图3-45 弯角嘴形

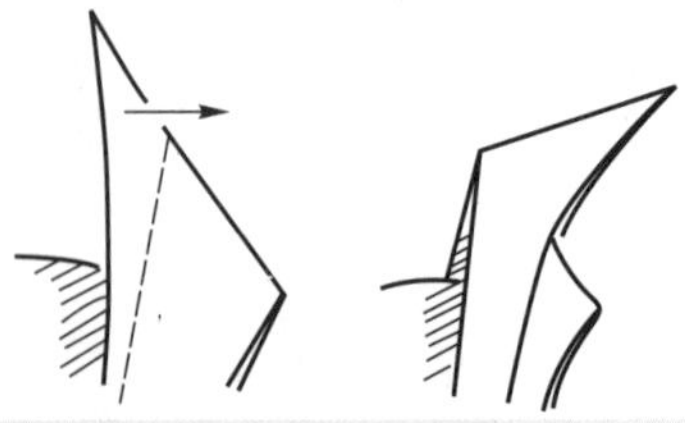
▲图3-46 上方平直的嘴形

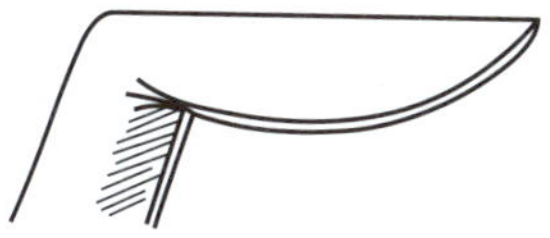

▲图3-47　嘴长而阔扁

▲图3-48　嘴大而方正

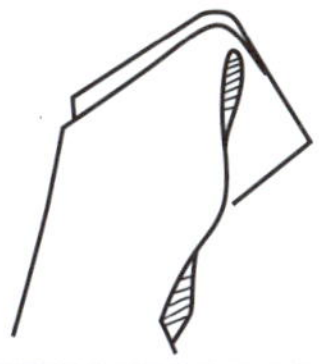

▲图3-49　嘴呈三角形

（六）穿

穿是用工具从餐巾的夹层折缝中边穿边收，形成皱褶，使造型更加逼真美观的一种方法。由于用筷子穿会影响操作卫生，且从杯中取出后褶皱感强，目前在餐厅中穿法使用得较少。

操作技法：穿时，左手握住折好的餐巾，右手拿筷子，将筷子细的一头穿进餐巾的夹层折缝中，另一头顶在自己身上或桌子上，然后用右手的拇指和食指将巾布慢慢往里拉，把筷子穿过去。

穿的要领：穿之前，餐巾一般都要打折，这样容易穿紧，看上去饱满、富有弹性。穿时，筷子要光滑，皱褶要求拉得均匀；遇到双层穿裥时，一般应先穿下面，再穿上面，这样两层之间的折裥不易被挑出散开。穿筷折皱后的折花，一般应先将它插进杯子，再把筷子抽掉，否则皱裥容易散开。

知识链接

餐巾花实例

盘花实例

一、餐巾盘花

1. 祝寿蜡烛

祝寿蜡烛如图 3–50 所示。

2. 餐具插架

餐具插架如图 3–51 所示。

3. 王公冠冕

王公冠冕如图 3–52 所示。

4. 星形扇面

星形扇面如图 3–53 所示。

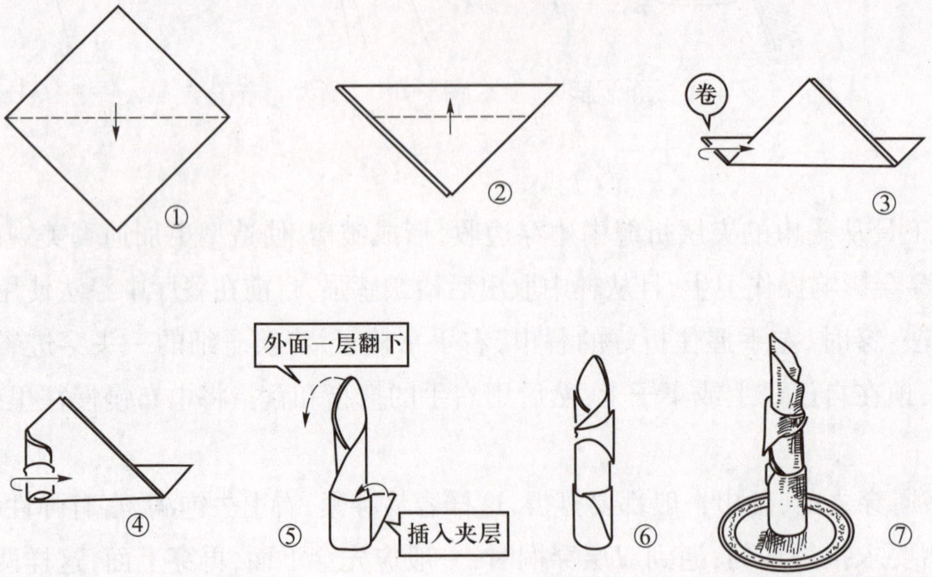

▲图3-50 祝寿蜡烛

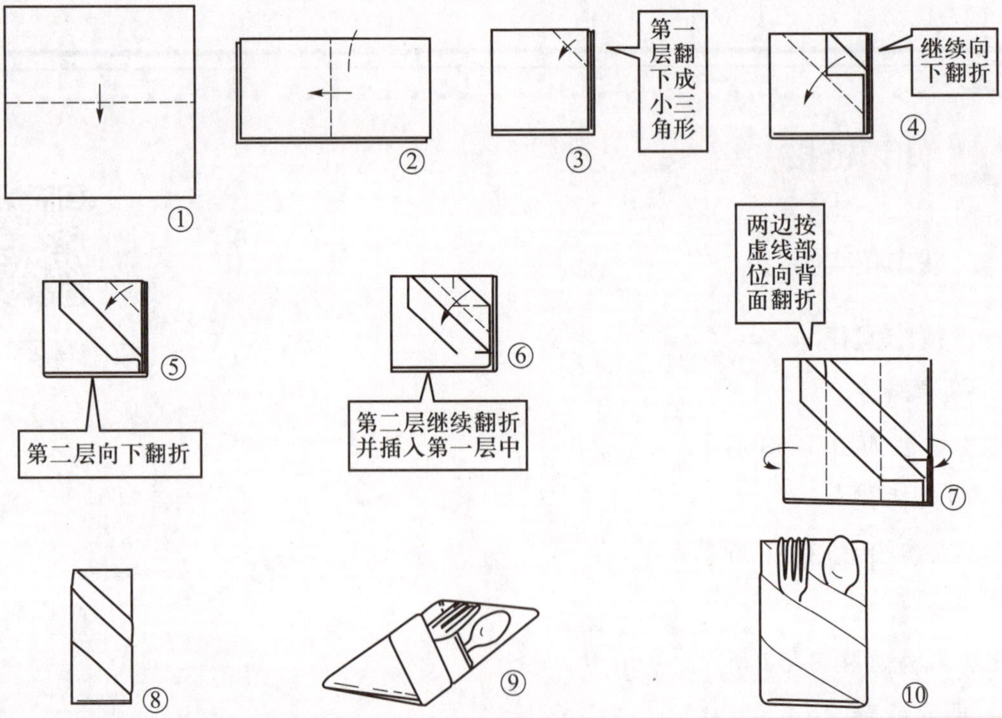

▲图3-51 餐具插架

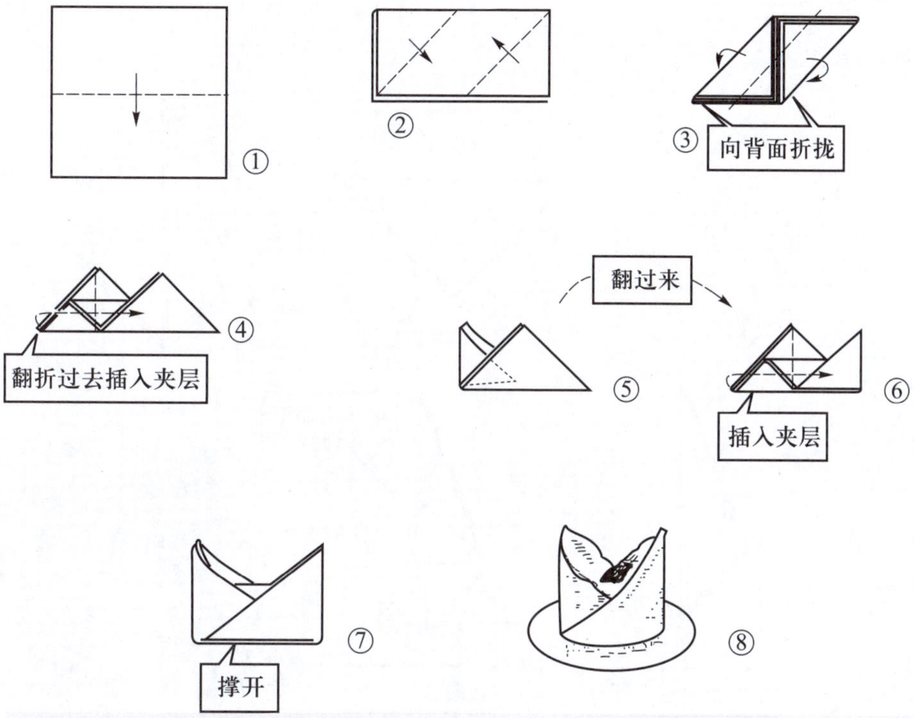

▲图3-52　王公冠冕

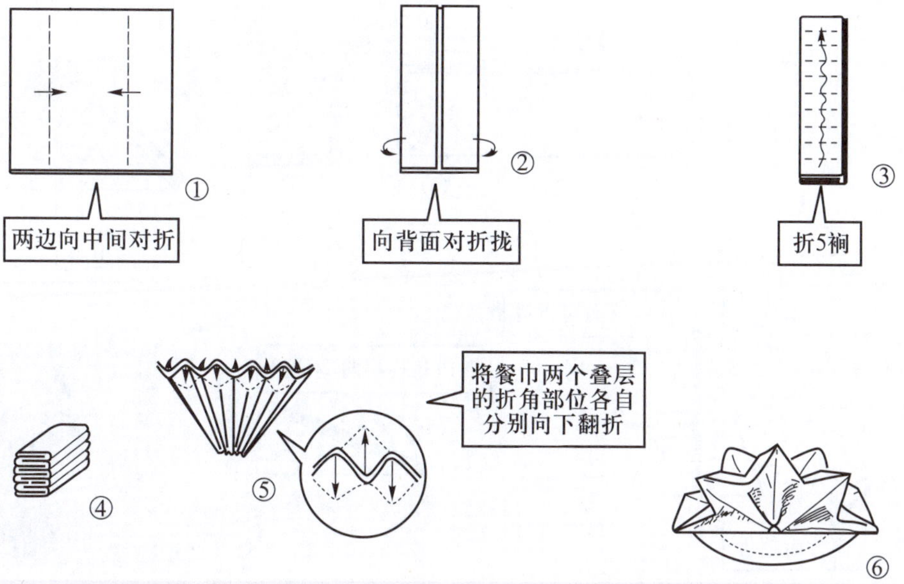

▲图3-53　星形扇面

5. 盘花海狮

盘花海狮如图 3-54 所示。

6. 水仙盆景

水仙盆景如图 3-55 所示。

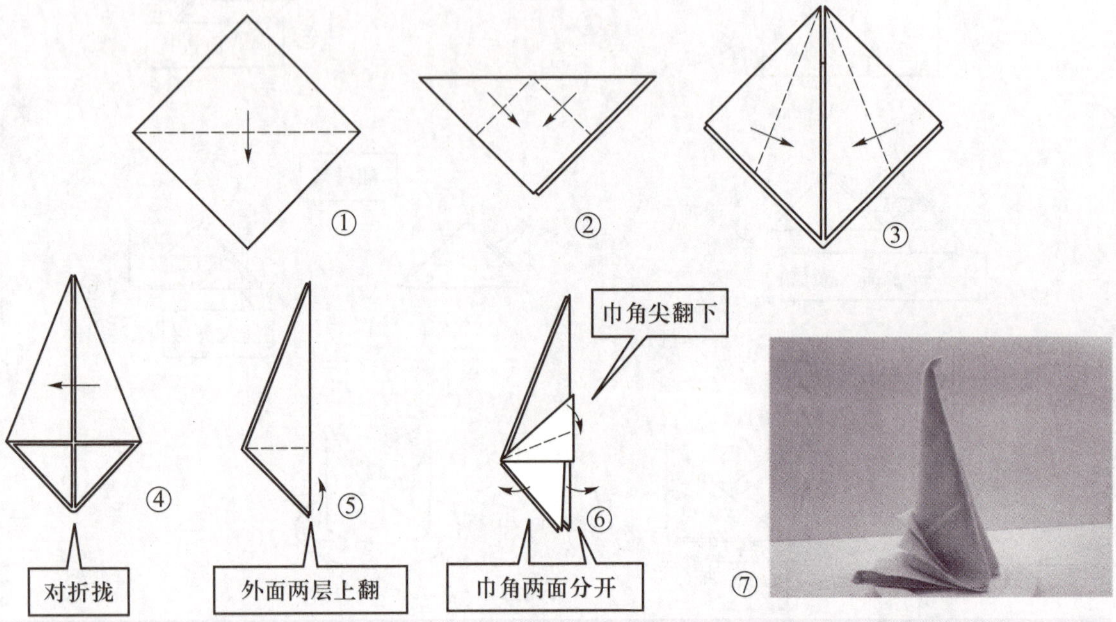

▲图3-54 盘花海狮

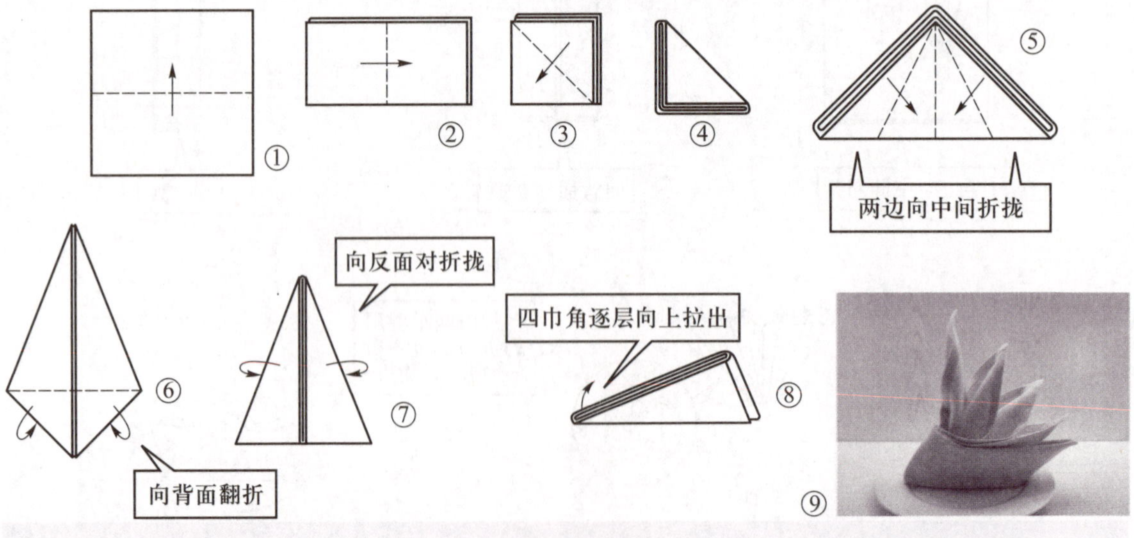

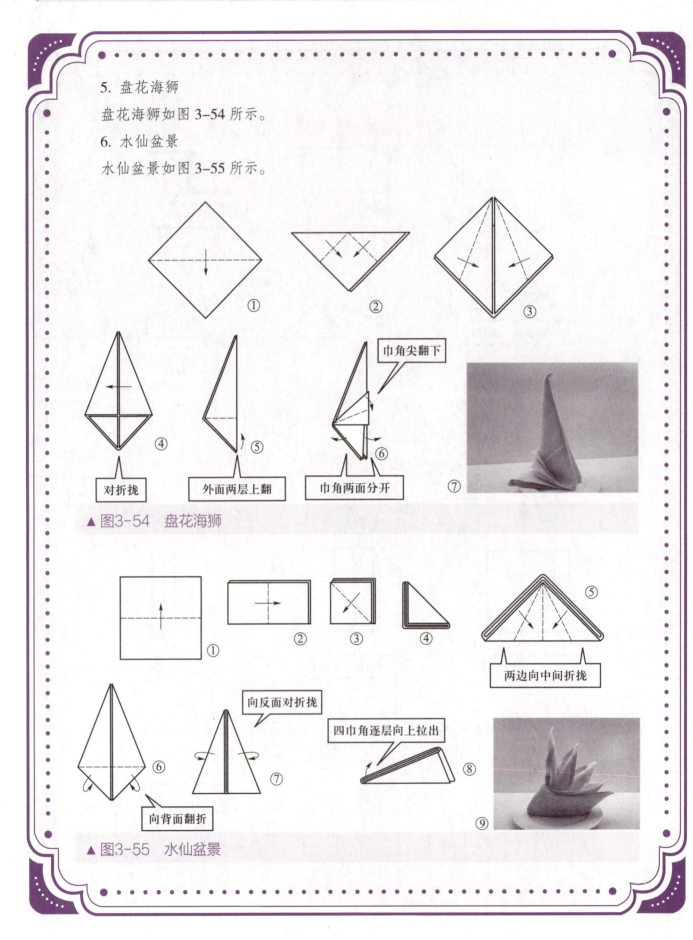

▲图3-55 水仙盆景

二、餐巾杯花

杯花实例

1. 冰玉水仙

冰玉水仙如图 3-56 所示。

2. 仙人合掌

仙人合掌如图 3-57 所示。

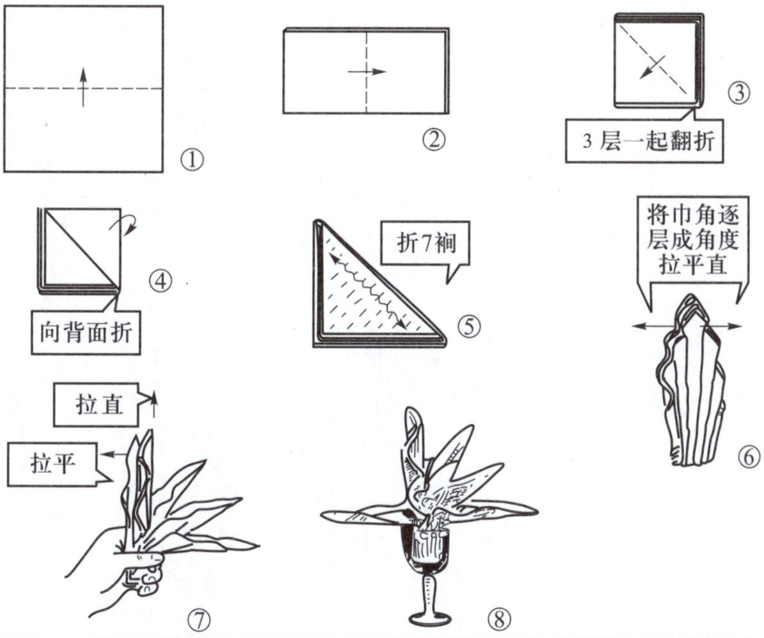

▲图3-56　冰玉水仙

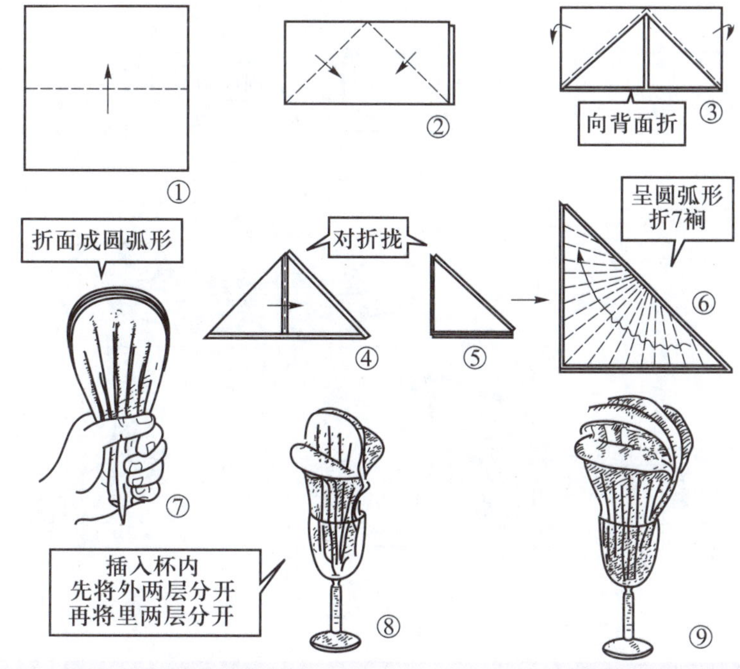

▲图3-57　仙人合掌

3. 友谊花篮

友谊花篮如图 3-58 所示。

4. 四尾金鱼

四尾金鱼如图 3-59 所示。

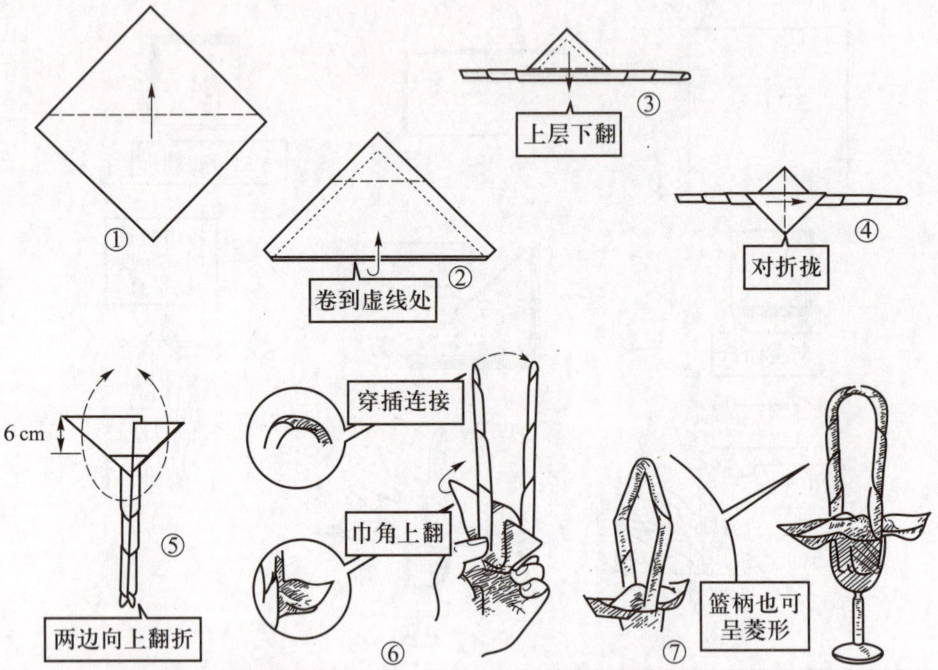

▲图3-58 友谊花篮

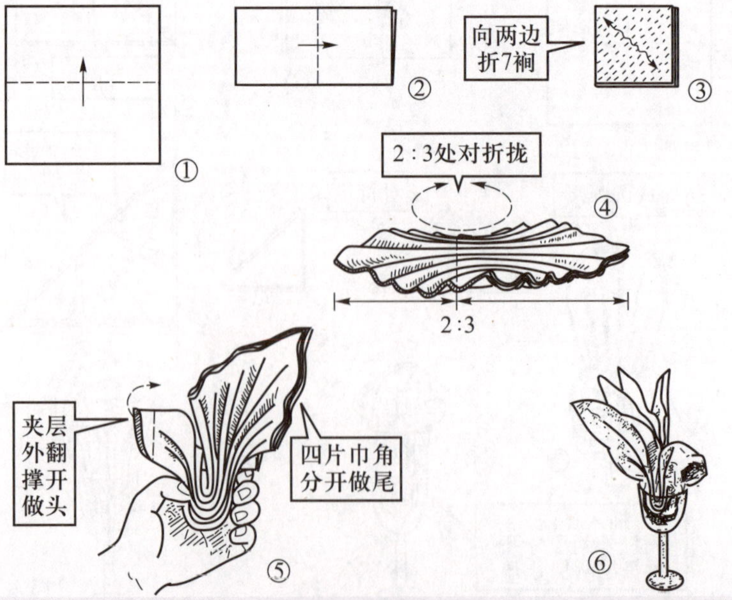

▲图3-59 四尾金鱼

5. 飞蝶探花

飞蝶探花如图 3-60 所示。

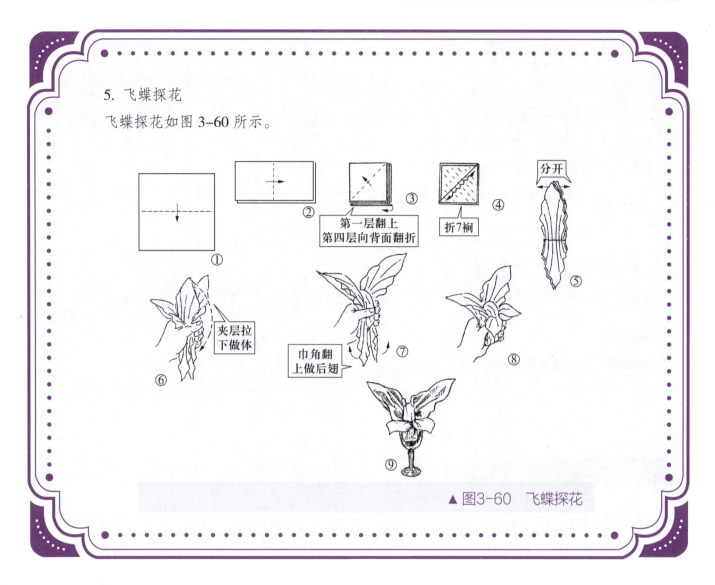

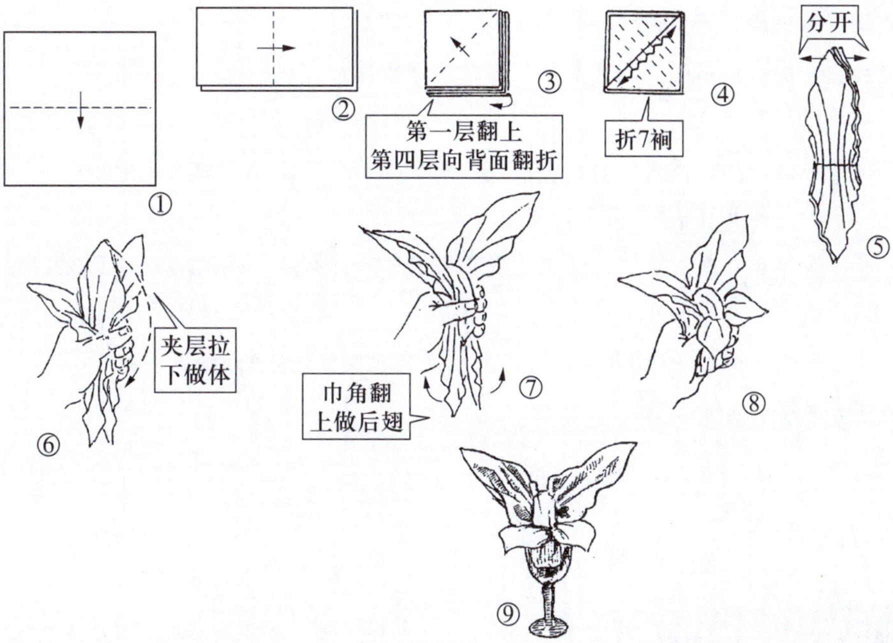

▲图3-60 飞蝶探花

活动体验

1. 熟悉并练习 10 种盘花和 10 种杯花的折叠法。
2. 创新 1 种盘花和 1 种杯花。

技能实训

实训内容	餐巾折花
实训目的	通过技能实训，掌握餐巾折花的基本技法，熟练折叠5种盘花和10种杯花
实训准备	餐碟、水杯、餐巾布、大白盘
实训方法	1. 在平滑的桌面上进行单个餐巾花的训练； 2. 盘花和杯花分开进行模块教学与测试； 3. 在宴会桌上进行测试，突出主位，注意观赏面

续表

实训考核（6分钟）			
项目	考核标准	分值	得分
手法要领	折叠动作规范、熟练、优美	10	
折花造型	餐巾花挺拔、造型美观、花型逼真	20	
折叠要求	成型后的盘花牢固，不易散型；杯花下端要保持美观，插入杯中部分条理清晰	20	
操作卫生	操作手法卫生，不用口咬、下巴按；手拿杯子下半部分，手不能碰杯口；杯花落在杯子1/2~2/3处	20	
摆放要求	花型突出正、副主人位；餐巾花观赏面向客人；有头、尾的动物造型应头朝右（主人位除外）	10	
折花速度	盘花完成时间控制在3分钟以内；杯花完成时间控制在6分钟以内	10	
整体评价	操作熟练，一次成型	10	
合　计		100	

任务三 餐巾花的应用

餐巾花是餐桌上极好的装饰品,具有卫生保洁、点缀美化、识别标志、烘托气氛的功能。宴席上放置餐巾花,能给宴会厅增添隆重热烈的气氛,为主宾双方营造一个欢快舒适的环境。

情境导入

某日,一个英国的重要客人团(VIP 团)一行 12 人来到临湖中餐厅用餐,百合包厢值台员小乐此前做了认真的准备,特意设计了 10 种造型各异的餐巾花。当客人入座后,代表团玛丽女士看了眼前的餐巾花大为不满,要求换包厢。原来玛丽女士面前的餐巾花是孔雀开屏,在英国,孔雀开屏是花枝招展、自我吹嘘的表现,玛丽女士认为受到了侮辱。餐厅经理出面道歉,马上为客人更换了包厢。经过此事,小乐意识到餐巾花的摆放原来也有这么多的学问。

任务学习

一、餐巾花的作用

(1)卫生保洁用品。餐巾花既可以用于就餐者手和部分食具的擦拭保洁,也可在进餐时插在衣襟上或放置在腿膝上,防止菜汤、酒水弄脏衣服,起到卫生保洁的作用。

(2)点缀美化席面。餐巾花是一种艺术的创造,餐巾通过服务员灵巧双手的精心折叠,变成了栩栩如生的形象,千姿百态的造型,给人以美的享受。

(3)标志主宾席位、渲染宴会气氛。如在席位上设置一只"迎宾花篮",不言而喻,这是主人对来宾的热烈欢迎,也暗示这是主宾的席位。同样,在结婚喜宴上,采用"鸳鸯""喜鹊""玫瑰"等花型,可表达人们对新人的美好祝愿。在老人面前摆设"寿桃""仙鹤"等折花,是健康长寿的祝福,老人会感到特别高兴。如在女宾席前放"金鱼""小鸟",也都会以无声的语言,交流客人之间的感情,起到独特的效果。

二、餐巾花的选择和应用

花型的选择是用好餐巾花的关键,一般根据宴会的性质、规模、环境、主菜的名称、季节时令、来宾的宗教信仰、风俗习惯、客人的性别年龄、宾主席位的安排、工作闲忙、餐巾的色调等方面因素综合来考虑。

1. 根据宴会的性质来选择花型

如婚嫁喜庆酒席选择鸳鸯、喜鹊等;老人祝寿,可选择仙鹤、寿桃等。

2. 根据宴会的规模来选择花型

一般大型宴会可选用简单、快捷、挺括美观的花型,每桌只选用 1 ~ 2 种花型,每桌的主宾位可以选取合适的不同花型的主花,统一中有区别,这样整个宴会桌面的餐巾花就显得整齐美观。小型宴会可以在同一桌上选用多种不同的花型,花、鸟、鱼、虫等种类搭配,使席上的折花形状各异、丰富多彩。

3. 根据接待环境特点来选择花型

开阔高大的厅堂,宴席台面的花型宜用花、叶、形体高大一些的品种;小型包厢,则宜选取小巧玲珑的品种。周围环境、装潢色调、光线比较柔和或较暗的,宜选用白色餐巾折花;光线、环境较明亮的,可选用彩色(如粉红、鹅黄、淡绿)的餐巾折花。餐巾的色泽要和台面的色彩及席面的格调相协调。

4. 根据菜单内容来选择花型

如用荷花做主冷盆的宴会席,应配以花类的折花,设计成"百花齐放";鱼翅为主的宴会席，可配以各式鱼虾类的花型；品尝杭州名菜为主的宴会席，可以选与西湖名胜或名菜有关的花型。

5. 根据季节时令来选择花型

春天可选用迎春、玉兰花等花型；夏天宜选用荷花、月季等花型；秋天选用枫叶、海棠、秋菊等花型；冬天则宜选用冬笋、梅花、仙人掌等花型，用台面上的花型反映出季节的特色，使之富有时令感。

6. 根据客人的宗教信仰、风俗习惯及爱好来选择花型

如泰国人喜欢睡莲，埃塞俄比亚人喜欢马蹄莲，日本人喜爱樱花，埃及人喜爱莲花，英国人喜爱蔷薇，力求“投其所好”。

7. 根据客人的性别年龄来选择花型

如为老人选择寿桃、仙鹤，为女宾选择孔雀、鲜花，为儿童选择小鱼、小虾、小鸟等。

8. 根据宾主席位的安排来选择花型

宴会主人座位上的餐巾花称为主花，主花要选择美观而醒目的花型，其目的是使宴会的主位更加突出。

9. 根据工作闲忙来选择花型

工作较空，时间充实，可以选择造型较复杂的花型等。

10. 根据餐巾的色调来选择花型

(1) 白色餐巾色调素雅，最常用，给人以清洁卫生、恬静优雅之感。用白色餐巾可以调节人的视觉平衡，并能安定人的情绪。

(2) 浅暖色餐巾有粉红色、橘黄色、鹅黄色等，色调柔美，给人以富丽堂皇、热烈的感觉，可以烘托用餐气氛，刺激客人食欲。

(3) 浅冷色餐巾有浅绿色、淡蓝色等，色调清新，给人以平静、舒适、凉爽的感觉，在适当的场合与季节搭配使用，有镇静作用。

总之，花型的选择应用考虑的因素是灵活多变的，既有一定之规又千变万化，要在实践中细心观察，掌握客人的特点，才能做到恰到好处，取得较好的效果。

三、餐巾花的摆放

(1) 插入杯中的餐巾花要恰当掌握深度。插入时要保持花型完整，杯内部分也应线条清楚。插花时要慢慢顺势插入，不能乱插、乱塞或硬性塞入。插入后要整理一下花型。盘花则要摆正摆稳，挺立不倒。

(2) 餐巾花摆放要突出正、副主人位。主花要插在主位，其高度最高；副主位花应摆插在副主位，其高度次之。并且应呈现或高低均匀，或波浪起伏、错落有致的规律美。

(3) 花型的正面要对正席位，便于欣赏。适合正面观赏的花型如孔雀开屏，要将头部朝向

客人;适合侧面观赏的花型要选择一个最佳观赏角度摆放。

(4)不同类型的餐巾花同桌摆放时要位置适当。不同花型应高低、大小搭配合理,错落有致;形状相似的花型对称摆放;动植物花型要分开摆放。

(5)各餐巾花之间的距离要均匀,做到花不遮餐具,不影响服务操作。

知识链接

"恋秋"主题餐巾花的创作

《恋秋》主题餐巾花创作

以人类非物质文化遗产、时间里的中国智慧——二十四节气中秋天的六个节气作为餐巾花创作主题。聚焦斜推技法提取节气的景象特征,以立秋时节"一叶知秋"拉开恋秋的序幕,以秋分时节"三秋桂子"渲染秋的芬芳,以霜降时节"秋生新芽"展现秋的生命,以寒露时节"倦鸟归巢"呈现秋的暮色,以处暑时节"金菊舞秋"渲染秋的浓烈,以白露时节"大雁南归"写意秋的眷恋。将大自然的景象创作成型,赋予意境。

活动体验

1. 选定一个主题,设计一组6人位的主题餐巾花。
2. 练习10人位宴会餐巾花的摆放。

技能实训

实训内容	宴会餐巾花的搭配
实训目的	掌握10人位中餐宴会餐巾花的合理搭配
实训准备	餐巾布、水杯、圆桌
实训方法	1. 学生观看主题餐巾花的创作微课; 2. 教师示范讲授要点; 3. 学生分组练习

续表

实训考核(10分钟)			
项目	考核标准	分值	得分
设计主题	主题积极,富有创意	10	
美观度	餐巾花挺拔、造型美观、花型逼真	20	
摆放要求	摆放规范,花型观赏面朝外,能看出正、反面	20	
整体布置	台面整体美观、整洁,与主题一致	20	
团队协作	分工协作,团队合作	10	
主题陈述	语言表达力强,富有吸引力	20	
合　计		100	

项目四

餐台布置

餐台布置是餐厅餐前准备的重要工作。餐台布置并没有一个绝对正确的标准，每个餐厅都因实际情况而异。在实际运用中加以灵活处理，使餐台布置做到整齐、美观、实用又富有特色。

项目目标

- 掌握台布铺设的不同方法和技巧。
- 掌握中餐宴会摆台的程序和标准，能熟练布置10人位的中餐宴会餐台。
- 学会布置不同餐位的中餐零点餐台。

任务一 铺设台布

情境导入

悦格大饭店宴会部召开宴前会，5月16日晚，鉴湖厅将举行30桌的大型宴会，需要布置宴会餐台。实习生小乐分配到的任务是铺设台布，小乐在学校学过铺台布，于是非常愉快地接受了任务。小乐从洗衣房领取台布开始用学校教的方法进行铺设，发现饭店实际台布的折叠方法和学校教的不一样。领班耐心地向小乐示范了台布铺设的方法，小乐马上心领神会，快速地学会并完成了任务。

任务学习

一、台布的种类与规格

（一）台布的种类

(1)从台布质地上，可分为纯棉台布和化纤台布两类。

(2)从台布颜色上，可分为白色台布、黄色台布、粉色台布、绿色台布等。因白色给人以洁净、素雅、大方的感觉，故多数餐厅选择白色台布。如果选择其他台布，应注意与餐厅的风格、装饰及环境相协调。

(3)从台布形状上，可分为正方形、长方形和圆形台布。正方形台布常用于方台和圆台，长方形台布则多用于西餐各种不同的餐台，圆形台布主要用于中餐圆台。

（二）台布的规格

经常使用的台布规格有 140 cm × 140 cm、160 cm × 160 cm、180 cm × 180 cm、200 cm × 200 cm、220 cm × 220cm、240 cm × 240 cm、260 cm × 260 cm 等。台布大小应与餐桌相配，根据餐台的大小选择适当的台布，一般台布四边下垂部分的长度以 20~30 cm 为宜。

有些餐台同时会铺设装饰布，铺盖在台布上（图 4–1）或衬在台布下（图 4–2）起装饰美化作用。方桌或长方桌的装饰布常斜铺在台布上。圆桌常在台布下面铺设一层圆形装饰布，覆盖整个台面，距离地面 5~10 cm。

▲图 4–1　装饰布铺在台布上面

▲图4–2　装饰布铺在台布下面

二、台布的铺法

（一）准备工作

（1）将所需餐椅按就餐人数摆放于餐台的四周。

（2）服务人员将双手洗净，并对准备铺用的每块台布进行仔细检查，发现有残破、油渍和褶皱的台布则不能继续使用。

（3）选择熨烫整洁并与餐桌大小相配套的台布。

（4）根据餐厅的装饰、布局确定席位。

（二）操作方法

基本要领：拉开主人位餐椅，站在主人位（图 4–3），将叠好的台布用抖铺式、推拉式或撒网式抖开铺在桌面上。台布正面朝上，台面平整，中心凸缝线向上，对准正副主人位，十字中心点居于餐桌正中心，台布四周下垂均等。若是圆台布，则四周边缘距地面高度相等。铺好的台布应舒展平整，同一餐厅所有餐桌台布的凸缝线要横竖统一。

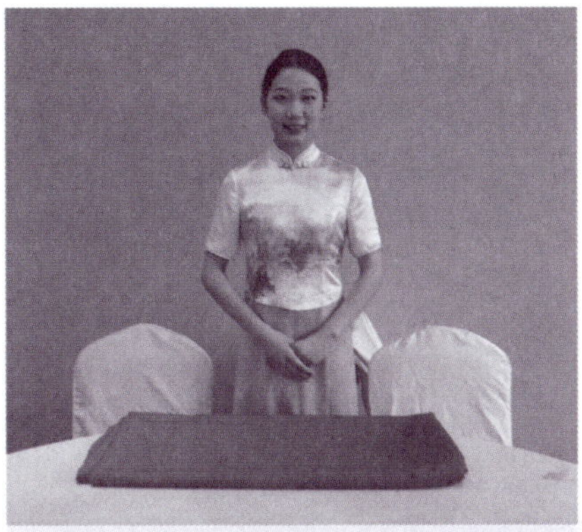

▲图4–3　铺台布准备

操作技巧：

第一步：打开。打开台布的方式有很多种，重点是找到中心凸缝线。双手各捏住台布中心凸缝线的一边，距离中心凸缝线各约 50 cm（视台布大小而定），四指打折将台布夹在虎口处，把台布中心凸缝线尽量打开（图 4–4）。

第二步：推出。将打折后的台布贴着餐台或者提拿在双手中，推出或者抖撒铺在餐桌面上（图 4–5~ 图 4–7）。

▲图4–4 打开台布

▲图4–5 推拉式

铺台布

▲图4–6 抖铺式

▲图4–7 撒网式

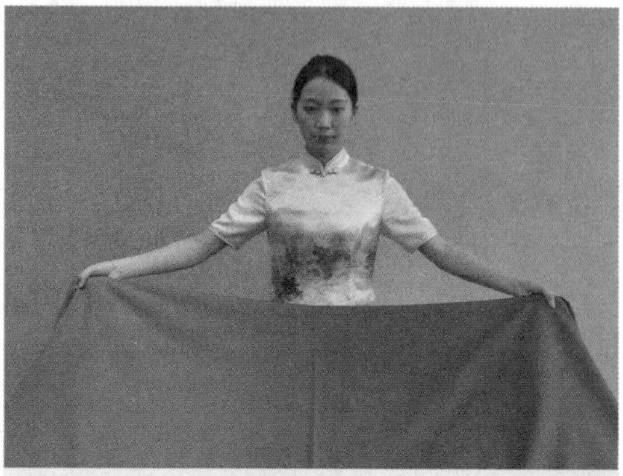
▲图4–8 左右定位

第三步：定位。在台布落桌和向回拉动的过程中以中心凸缝线为参考，先左右调整居中（图 4–8），再前后调整至四周下垂均等。

三、铺设台布注意事项

（1）铺台布时，台布不能触碰地面，拿在拇指和食指中的台布要适当，推、抖、撒的距离要得当。

（2）台布正面凸缝线朝上，中心凸缝线正对正、副主人位，四角呈直线下垂状，下垂部分距地面距离相等，铺好的台布应平整无褶皱。

(3) 台布向自身拉回时，注意快慢得当。

(4) 铺好台布后，应将拉出的餐椅送回原位。挪动餐椅的动作是双手握住椅背端，用膝盖顶住椅子的坐面横梁，脚步移动，尽量不要让椅子腿摩擦地面，发出响声。

知识链接

台布的折法

台布有不同的折法，铺设时打开方式会不同。常见的圆形台布的折法有如下两种。

对折法：反面朝里，沿中心凸缝线长边对折成半圆形，再沿长边平行对折，再沿短边对折两次。

扇形法：反面朝里，沿中心凸缝线长边对折成半圆形，再沿中心凸缝线对折成 1/4 圆形，再沿中心凸缝线对折，再对折。

活动体验

1. 练习单人折叠 3.2 m 圆形台布。
2. 小组开展竞赛，比赛台布铺设的速度。

技能实训

实训内容	铺台布
实训目的	掌握圆形台布和方形台布的铺设方法
实训准备	3.2 m圆形台布、2.4 m方形台布
实训方法	1．学生观看台布铺设微课； 2．教师示范讲授要点； 3．学生分组练习

续表

实训考核（1分钟）			
项目	考核标准	分值	得分
铺装饰布（10分）	拉开主人位餐椅，站在主人位	1	
	可采用抖铺式、推拉式或撒网式铺设装饰布，要求一次完成，两次完成的扣0.5分，三次及以上完成的不得分	2	
	定位准确，中缝线凸缝向上，且对准正、副主人位	2	
	装饰布平铺在餐桌上，正面朝上	1	
	台面平整	2	
	下垂均等	2	
铺台布（10分）	台布正面朝上，铺在装饰布上	1	
	可采用抖铺式、推拉式或撒网式铺设装饰布，要求一次完成，两次完成的扣0.5分，三次及以上完成的不得分	2	
	定位准确，中缝线凸缝向上，且对准正、副主人位	2	
	台面平整	2	
	台布四周下垂均等	3	
合　　计		20	

任务二 摆放餐具

中餐厅要求餐台摆放合理，符合传统习惯、餐具卫生、摆设配套齐全、规格整齐一致，既方便客人用餐，又利于服务人员进行席间服务，同时富有美感。

情境导入

员工们正在悦格大饭店宴会厅鉴湖厅内为明天晚上的宴会做餐前准备，餐厅实习生小乐已经完成了铺设台布的任务。她看见同事们正忙碌着，主动向前询问是否有需要帮忙的。领班让小乐把餐椅拉开进行10人位宴会定位。小乐心生疑惑：在学校学习的方法是宴会摆台骨碟定位，客人前来赴宴时再进行拉椅让座。领班告诉小乐，大型宴会客人集中时间入座，服务员难以做到为每位客人提供拉椅让座服务。所以提前将餐椅拉开便于客人入座，小乐非常开心又学到了知识。

任务学习

一、准备餐具

中餐餐具主要包括餐碟、汤碗、汤勺、味碟、筷架、筷子、杯子、转盘和其他用具。

(1)餐碟。又称为骨碟,主要用途是盛装骨头和食屑等,在摆台时起定位的作用。

(2)汤碗。盛汤或者吃带汤汁菜肴的小碗。

(3)汤勺。瓷制小汤勺(调羹)一般放在汤碗中,而金属长柄汤勺或者是大瓷汤勺一般用作宴会的公用勺,应摆放在桌面的公用筷架上。

(4)味碟。盛装调味汁的小瓷碟。

(5)筷架。用来放置筷子,保证筷子更加清洁卫生,可提高就餐规格。有瓷制、塑胶、金属等各种材质,造型各异。

(6)筷子。以材质分类,有木筷、银筷、竹筷等。

(7)杯子。杯子包括瓷制的茶杯和玻璃制的水杯、红葡萄酒杯、烈酒杯等。

(8)转盘。适用于多人就餐的零点餐台或者是宴会的桌面。方便客人食用菜品,一般有玻璃转盘和木质转盘,比较常用的是玻璃转盘。

(9)其他。根据不同餐饮企业的要求,餐桌上还会摆放其他用具,如调味瓶、牙签盅、花瓶、桌号牌、菜单。

二、中餐宴会摆台(10 人位)

(一) 摆放桌椅

摆放餐桌时要求餐桌腿都正对餐厅门的方向,椅子随餐桌摆放要求整齐有序;大桌可三三两两。但椅背要对齐;同一行的桌子和椅子要排列整齐。

(二) 铺台布(任务一已详述)

(三) 放转盘

先将转盘底座放于台面中心位置,再竖起搬动转盘,放于底座之上,轻轻转动,并用手指测试其稳定性。

(四) 摆放餐具

1. 餐碟定位

从主人位开始一次性定位,摆放餐碟,餐碟边沿距离桌边 1.5 cm(图 4–9);餐碟间距相同,与相对餐碟、餐桌中心点三点一线(图 4–10);手拿餐碟边缘部分,卫生、无碰撞。

▲图 4-9 摆餐碟

▲图 4-10 10 人位餐碟摆放

2. 摆放汤碗、汤勺、味碟

汤碗摆放在餐碟左上方 1cm 处，味碟摆放在餐碟右上方，与汤碗间距 1cm，汤碗与味碟之间距离的中点对准餐碟的中心点。汤勺放置于汤碗中，勺把朝左，与餐碟平行，汤碗、味碟的横向直径和汤勺柄成一条直线（图 4-11、图 4-12）。

▲图 4-11 摆放汤碗、汤勺、味碟

▲图 4-12 10 人位汤碗、汤勺、味碟摆放

3. 摆放筷架、席面羹、牙签和筷子

筷架摆在餐碟右边，其横中线与汤碗、味碟横中线在同一条直线上。筷架左侧纵向延长线与餐碟右侧相切。席面羹、筷子搁摆在筷架上，筷套正面朝上，筷尾的右下角距离桌沿 1.5 cm；牙签位于席面羹和筷子之间，牙签套正面朝上，底部与席面羹齐平。

4. 摆放葡萄酒杯、白酒杯和水杯

葡萄酒杯摆放在餐碟正前方（汤碗与味碟之间距离的中心线上）；白酒杯摆在葡萄酒杯的右侧，水杯位于葡萄酒杯左侧，杯肚间隔 1 cm，三杯杯底中点连线成一水平直线。水杯待杯花折好后一起摆上桌。摆杯手法正确(手拿水杯杯柄或中下部),保证卫生(图 4–13、图 4–14)。

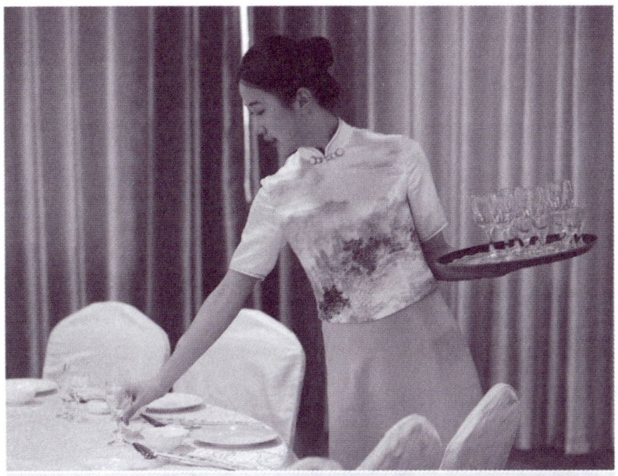

▲图 4–13　摆放杯具

▲图 4–14　10 人位杯具摆放

5. 摆放公用餐具

公用筷架摆放在主人和副主人餐位水杯正上方,距水杯杯肚下沿切点 3 cm,按先勺后筷顺序将公勺、公筷搁摆于公用筷架之上,勺柄、筷子尾端朝右。

6. 摆放花盆、菜单(2 个)和桌号牌

花盆摆在台面正中,造型精美;桌号牌摆放在花盆正前方,面对副主人位;菜单摆在正副主人位的筷架右侧,位置一致,菜单右尾端距离桌边 1.5 cm(图 4–15、图 4–16)。

中餐宴会摆台

▲图 4–15　10 人位中餐宴会台面

▲图 4–16　中餐宴会客位餐具摆放

（五）拉椅让座

(1)拉椅。从第一主宾开始，座位中心与餐碟中心对齐，餐椅之间距离相同，餐椅座面的边缘距台布下垂部分 1 cm（图 4-17）。

(2)让座。让座手势正确，体现礼貌（图 4-18）。

▲图 4-17　拉椅

▲图 4-18　让座

三、中餐零点摆台

中餐零点摆台可根据餐厅布局，摆放 2 人位、4 人位、6 人位、8 人位等桌椅（图 4-19），摆台程序及要领与宴会摆台一致，各客位餐具摆放如图 4-20 所示。

▲图 4-19　中餐零点餐厅

▲图4-20　中餐零点客位餐具摆台

知识链接

中餐主题宴会

宴会是因习俗或社交需要而举行的宴饮聚会。《说文》曰："宴,安也。"从字义上看,"宴"的本义是"安逸""安闲";引申为宴乐、宴享、宴会。"会"是许多人集合在一起的意思。久而久之,便衍化成了"众人参加的宴饮活动"。宴会有着不同的名称,如筵席、宴席、筵宴、酒宴等。人们通过宴会,不仅能获得饮食艺术的享受,而且可促进人际间的交往。

中餐主题宴会是在传统中餐宴会的基础之上,围绕某一特定的主题,营造特定的文化氛围,让消费者获得富有个性的消费感受,以此更加充分地表达主办方意图,并让客人获得欢乐、知识的宴会服务方式。

主题宴会设计是根据客人的要求确定宴会的主题,根据承办饭店的物质、技术条件等因素,对餐厅环境、餐桌台面、宴会菜单等进行规划,并拟出具体实施方案的创作过程。宴会设计既是标准设计,又是活动设计,它既能使各工种充分协作,又能指导每一个工作的具体操作方法。

中餐主题宴会设计的内容如下。

1. 场景设计

宴会环境包括大环境和小环境两种,大环境就是宴会所处的特殊自然环境,如海边、山巅、船上、临街、草原蒙古包、高层旋转餐厅;小环境指宴会举办场地在饭店中的位置,宴席周围的布局、装饰、桌子的摆放等。宴会场景设计对宴会主题的渲染和衬托具有十分重要的作用。

2. 台面设计

台面设计要烘托宴会气氛,突出宴会主题,提高宴会档次,体现宴会水平。要根据客人进餐目的和主题要求,将各种餐具和桌面装饰物进行组合造型的创作,包括台面物品的组成和装饰造型、台面设计的意境等(图 4–21)。

3. 菜单设计

科学、合理地设计宴会菜肴及其组合是宴会设计的核心。要以人均消费标准为前提,以客人需要为中心,以本单位物资和技术条件为基础设计菜单。其内容包括各类食品的构成、营养设计、味形设计、色泽设计、质地设计、原料设计、烹调方法设计、数量设计、风味设计等。

（a）（b）

▲图 4-21 中餐主题宴会

4. 酒水设计

“无酒不成席”，“以酒佐食”和“以食助饮”是一门高雅的饮食艺术。酒水如何与宴会的档次相一致，与宴会的主题相吻合，与菜点相得益彰，这都是宴会酒水设计所涉及的内容。

5. 服务及程序设计

指对整个宴饮活动的程序安排、服务方式规范等进行设计，内容包括接待程序与服务程序、行为举止与礼仪规范、席间乐曲与娱乐助兴等。

6. 安全设计

指对宴会进行中可能出现的各种不安全因素的预防和设计，内容包括客人人身与财物安全、食品原料安全和服务过程安全设计等。

活动体验

1. 小组合作进行拉椅让座服务练习。
2. 轮流进行 10 人位中餐宴会摆台练习。

技能实训

实训内容	中餐宴会摆台		
实训目的	掌握10人位中餐宴会摆台的操作程序及摆台技巧		
实训准备	10人位中餐宴会餐具		
实训方法	1．学生观看10人位中餐宴会摆台微课； 2．教师示范讲授要点； 3．学生分组练习		
实训考核（16分钟）			
项目	考核标准	分值	得分
铺台布及装饰布（6分）	可采用抖铺式、推拉式或撒网式铺设装饰布、台布，要求一次完成，两次完成的扣0.5分，三次及以上完成的不得分	2	
	拉开主人位餐椅，在主人位铺装饰布、台布	1	
	装饰布平铺在餐桌上，正面朝上，台面平整，下垂均等	1	
	台布正面朝上，铺在装饰布上；定位准确，中缝线凸缝向上，且对准正、副主人位；台面平整；台布四周下垂均等	2	
餐碟定位（8分）	从主人位开始一次性定位摆放餐碟，餐碟间距离均等，与相对餐碟、餐桌中心点三点一线	6	
	餐碟边距桌沿1.5 cm	1	
	拿碟手法正确（手拿餐碟边缘部分）、卫生、无碰撞	1	
摆放汤碗、汤勺、味碟（5分）	汤碗摆放在餐碟左上方1 cm处，味碟摆放在餐碟右上方，汤勺放置于汤碗中，勺把朝左，与餐碟平行，汤碗、味碟的横向直径和汤勺柄成一条直线	3	
	汤碗与味碟之间距离的中点对准餐碟的中点，汤碗分别与味碟、餐碟间相距为1 cm	2	
摆放筷架、席面羹、筷子、牙签（5分）	筷架摆在餐碟右边，其横中线与汤碗、味碟横中线在同一条直线上。筷架左侧纵向延长线与餐碟右侧相切	1	
	席面羹、筷子搁摆在筷架上，筷尾的右下角距桌沿1.5 cm	2	
	筷套正面朝上	1	
	牙签位于席面羹和筷子之间，牙签套正面朝上，底部与席面羹齐平	1	

续表

实训考核（16分钟）			
项目	考核标准	分值	得分
摆放葡萄酒杯、白酒杯、水杯（7分）	葡萄酒杯在餐碟正前方（汤碗与味碟之间距离的中心线上）	1	
	白酒杯摆在葡萄酒杯的右侧，水杯位于葡萄酒杯左侧，杯肚间隔1 cm，三杯杯底中点成一水平直线。水杯待杯花折好后一起摆上桌，杯花底部应整齐、美观，落杯不超过水杯2/3处	4	
	摆杯手法正确（手拿水杯杯柄或中下部）、卫生	2	
摆放公用餐具（2分）	公用筷架摆放在主人和副主人餐位水杯正上方，距水杯杯肚下沿切点3 cm。先摆放杯花，再摆放公用餐具	1	
	按先勺后筷顺序将公勺、公筷搁摆于公用筷架之上，勺柄、筷子尾端朝右	1	
餐巾折花（14分）	花型突出正、副主人位，整体协调	1	
	有头、尾的动物造型应头朝右（主人位除外）	1	
	餐巾花观赏面面向客人（主人位除外）	1	
	餐巾花种类丰富、款式新颖	3	
	餐巾花挺拔、造型美观、花型逼真	3	
	操作手法卫生，不用口咬、下巴按，不用筷子穿	1	
	折叠手法正确、一次成型。杯花折好后放于水杯中一起摆上桌	3	
	手不触及杯口及杯的上部	1	
摆放菜单、花盆和桌号牌（2分）	花盆摆在台面正中。桌号牌摆放在花瓶正前方，面对副主人位	1	
	菜单摆放在正、副主人位的筷架右侧，位置一致，菜单右尾端距离桌边1.5 cm	1	
拉椅让座（3分）	拉椅：从第一主宾位开始，座位中心与餐碟中心对齐，餐椅之间距离均等，餐椅座面的边缘距台布下垂部分1 cm	2	
	让座：手势正确，体现礼貌	1	
托盘（2分）	用左手胸前托法将托盘托起，托盘位置高于腰部，姿势正确	1	
	托送自如、灵活	1	
综合印象（6分）	台面摆台整体美观、便于使用，具有艺术美感	2	
	操作过程中动作规范、娴熟、敏捷、声轻，姿态优美，能体现岗位气质	4	
合　　计		60	

项目五

预订服务

餐位预订服务，指单位或个人到饭店或餐厅提前预订就餐活动，饭店或餐厅为之提供的具有较强专业性和较大灵活性的一项服务。餐位预订的过程，既是组织客源的过程，客源对象可以是散客，也可以是住店客人、企事业单位或团队客人，同时也是饭店或餐厅展示其自身形象的过程。餐位预订的方法多种多样，主要有电话预订、面谈预订，也可以通过网络等形式进行预订。餐位预订根据其就餐形式，可分为散客预订、宴会预订、团体包餐预订。

项目目标

- 掌握餐位预订的主要方法，学习电话预订、面谈预订的操作规范。
- 熟悉餐位预订的就餐形式，学习散客预订、宴会预订、团体包餐预订的基本流程。
- 了解餐位预订服务作为饭店或餐厅展示其"第一印象"的重要性。

任务一 散客预订服务

情境导入

周一，实习生小乐轮换岗位，担任悦格大饭店中餐厅的预订员，负责预订工作。早上一上岗，她就接到客人的预订电话："我是你们餐厅的常客，我姓王，想预订周四的一个雅间，大概6个人。"小乐查阅了周四的预订登记情况，表示餐厅将给他预留5号雅间。小乐一边就相关事宜和客人电话沟通，一边急忙取过"散客预订单"进行填写，完成此次预订任务。

任务学习

一、散客电话预订的流程

（一）礼貌接听，了解需求

（1）铃响三声，接起电话；超过三声，要向客人表示歉意。

（2）以礼貌的语气报出问候语、本饭店或餐厅的名称以及自己的姓名，并表示愿意为客人服务。在接听电话的过程中，如果碰到节假日，最好使用相关的节日问候语来问候客人；如果因需要暂时搁置电话时，搁置的时间不要超过30秒，随后要向客人致歉；当客人要求订座留位时，如果预订表上有多位客人姓氏相同，应该礼貌地请客人说出全名或者公司的全称。

⑶了解客人预订需求。内容包括预留客人姓名以及联系方式，了解客人身份，询问客人点餐方式，问清宴请对象、用餐人数、用餐标准，问清客人就餐日期和时间，询问客人对餐饮以及就餐环境的要求或其他特殊要求等。

（二）接受预订，复述确认

⑴根据客人的要求，接受预订。

⑵复述预订的具体内容，并请客人予以确认。

⑶明确告知客人预留餐位的保留时间。

⑷致谢、道别。

（三）准确记录，及时传达

⑴填写饭店“散客预订单”（表5-1），准确记录预订信息以及客人的要求。

表5-1 散客预订单

姓名：		电话：
订餐时间： 年 月 日 时 分		
用餐日期： 年 月 日		用餐时间： 时 分
人数：		台数：
每人（台）标准：		
特殊要求：		
订餐		
处理	餐饮部承办人：	经手人：
记录	承办时间：	经办时间：

⑵及时向餐厅、厨房等相关人员转达客人的预订信息。

⑶将预订的详细内容记录在“餐位预订登记表”上。

二、散客电话预订的注意事项

（一）餐厅电话接听规范

⑴三声铃响之内接听电话是所有电话服务的基本要求。若不能及时接听，可能因此而失去客源，也有怠慢客人之嫌。

⑵接听电话之后应首先向客人问好，并自报岗位名称，让客人确信没有拨错电话，并询问客人是否需要帮助。

⑶在与客人电话交流过程中，应保持微笑，因为你的微笑客人可以听得到，并感受到对他的欢迎。

⑷交流中注意多听客人的要求，只有了解了客人的需求，才能够提供有针对性的服务，包

括人数、时间、对餐位的要求、联系方式等信息。

(5) 作为饭店员工，与客人电话交流中，永远要后挂电话，这样可以保证不会出现客人没讲完电话即被挂断的情况。

(6) 不要忘记礼貌道别，并表示等待客人的到来，显示餐厅员工对客人热情欢迎的态度。

（二）“散客预订单”填写

在散客预订服务中应重视“散客预订单”的填写，餐厅“散客预订单”的设计一般有两个目的：一是避免遗漏询问客人的重要信息，如人数、餐位要求、到来时间、联系方式等；二是可以作为餐厅对客人服务的依据，如预留座位。因此餐厅预订过程中应按照“散客预订单”上的项目逐项询问客人，尽量使信息全面（图 5-1、图 5-2）。

▲图 5-1　电话预订

▲图 5-2　填写“散客预订单”

（三）注意预订时间

(1) 为客人预订餐位时，要强调时间的重要性，主动告知客人为其保留座位的时间，如过期餐位将作他用。

(2) 对重要客人的预订，主动了解其实际到达餐厅就餐的时间和变更情况，以保证营业和接待服务质量。

(3) 更改客人预订时间时，要事先征得客人的同意，更改后标准能不变并含有优惠成分。

活动体验

以小组为单位，每个组员分别扮演餐厅员工与客人，模拟散客电话预订。

技能实训

实训内容	散客电话预订服务		
实训目的	掌握散客预订服务流程，熟练填写“散客预订单”“餐位预订登记表”		
实训准备	模拟餐厅、电话、笔、便签、“散客预订单”“餐位预订登记表”		
实训方法	1. 学生观看散客电话预订服务微课； 2. 教师示范讲授要点； 3. 学生分组练习		
实训考核（3分钟）			
项目	考核标准	分值	得分
礼貌接听 了解需求 （6分）	电话铃响三声以内接听	2	
	使用礼貌用语	2	
	自报饭店餐厅名称和自己的姓名	2	
接受预订 复述确认 （12分）	问清散客预订具体内容（订餐客人姓名、电话、用餐时间、用餐人数及标准、点餐形式、特殊要求）	4	
	准确复述客人预订要求	3	
	礼貌地向客人致谢并道别	3	
	礼貌地挂断电话，注意动作要轻	1	
	填写“散客预订单”	1	
准确记录 及时传达 （2分）	准确填写“餐位预订登记表”及时传达客人预订信息	2	
合　　计		20	

任务二　宴会预订服务

情境导入

悦格大饭店宴会部7月中旬将接待大型的商务宴会，此次宴会特别强调宴会布置的精心细致以及和谐大气的氛围。实习生小乐第一次接手大型商务宴会的订单，她一边仔细按照宴会预订的操作流程展开工作，一边注意订单的细节要求，和宴会方共同协商……

任务学习

宴会预订，指举办宴会的客人或单位，与餐厅或饭店的预订人员进行接洽、联络、沟通、协商宴会的各种信息，提前安排宴会活动的过程。宴会预订直接影响着宴会菜单的设计、宴会场地的布置，以及宴会的组织及其实施，因为这是宴会组织的第一步。

一、宴会预订的方式

宴会预订的方式有以下几种类型。

1. 电话预订

这是饭店与客户联络的主要方式。常用于小型宴会预订、查询和核实细节、促进销售等。大型宴会需要时也可通过电话来约定会面的时间、地点等。

2. 面谈预订

这是宴会预订较为有效的方法。多用于中高档大型宴会、会议型宴会等重要宴会的预订。宴会预订员与客人当面洽谈讨论所有的宴会细节安排，解决客人提出的特别要求，讲明付款方式，填写订单，记录客人信息资料等，以便以后用电子邮件或电话方式与客户联络。

3. 传真预订

所有客户传来的询问信都必须立即做出答复，并附上建议性的菜单；此后，以电子邮件或面谈的方式达成协议。

4. 网络预订

这是信息时代网络普及后新增的一种预订方式，网络订餐不仅方便了客户，同时也让宴会部争取到更多客源。

客人通过电话、面谈、传真或网络等方式预订宴会，若客人主动与饭店联系，要做好宴会预订工作，必须采取灵活多样的方式，一是请进来，二是走出去，不能静等客人上门，必须积极主动推销：一方面主动向客人介绍情况，设法满足客人的需要；另一方面，想方设法吸引客人，争取客源。

二、面谈预订流程

在宴会预订中，尤其是大型的宴会活动，由于主办方会有许多具体要求，一般都以面谈预订的方法进行，在合适的时间和地点，预订员与客人当面讨论所有的细节安排。面谈预订的程序如下。

（一）问候客人，回答咨询

当客人来到餐厅或饭店时，相关的预订员应该代表餐厅或饭店热情地欢迎客人，在客人表示要预订时，应该主动告知客人自己的姓名、自己所在的部门名称，表示愿意为其提供服务。

（二）了解需求，接受预订

预订员需要了解客人具体的需求情况，一般包括以下方面。

(1) 了解宴会规格，即了解客人的用餐标准，并为其推荐恰当合适的宴会形式。

(2) 了解宴会主题，以便于在宴会设计时紧扣主题而展开活动。保证宴会服务的流畅完美。

(3) 了解出席宴会人员的情况，就是了解被邀请出席宴会的客人，尤其在餐饮方面的禁忌和喜好，特别要注意不同身份的客人的宗教禁忌、习俗禁忌和个人禁忌。

(4) 了解宴会流程，即了解客人举行宴会的目的是什么，以及客人在宴会全程活动中所要求的各个环节如何组成和怎样衔接，是否有节目表演，这些都有助于宴会服务的完整性。

(5) 了解宴会时间，包括布置场地的时间、餐厅服务需要的准备工作时间、宴会的起止时间等。

(6) 了解场地设备要求，不同的客户对举办宴会的场地、设备要求各不相同，在详细洽谈的基础上做好充分准备，按时布置、安装完成，这才是优质的服务。

(7) 了解特殊要求，即事先沟通并准备客人提出的超常规要求。

(8) 了解相关礼宾礼仪，即饭店或餐厅在了解客人所要求的宴会形式和接待规格后，在餐饮服务中明确以一定规格的礼仪规范来接待客人，如铺设迎接贵宾的红地毯、饭店或餐厅经理在门前接待、设立礼仪人员迎送、服务人员列队欢迎。

此外，饭店或餐厅在举办大型宴会活动时，还须考虑宴会活动的线路安排，注意客人从停车地点到进入餐厅的通道必须标注清楚，可以设立专用通道，保证客人能够按时到达。

大型宴会的主办方会标或企业的标志可以在环境布置、台面设计和菜肴制作中，醒目地穿插其间，使客人能够更为深刻地领会宴会的活动主题。

总之，通过上述各个具体事项的介绍、了解、沟通、协商，饭店或餐厅的预订服务从细节上，使宴会主办方的设想和活动安排得以落实。

（三）填写订单，确认预订

预订员详细地询问客人的姓名、联系电话、用餐人数、用餐时间、用餐标准、付款方式、预付定金(一般为总费用的10%~15%)、特殊要求等，必须准确、迅速地记录在“宴会预订单”（表5–2）上，并且必须向客人复述预订的相关信息，请客人确认正确与否。

表 5-2 宴会预订单

宴会名称：____________________ 预订编号：__________

联络人姓名：__________ 联系电话：__________ 地址：__________

公司（单位）名称：____________________

承办日期：__________ 星期：__________ 上菜时间：__________

宴会形式：__________ 收费标准：__________元/桌（或元/人）

付款方式：__________ 其他费用：__________

预订人数：__________ 保证人数：__________

餐台数：__________ 酒水要求：__________

宴会菜单：（附后）

台型设计图：

一般要求：

____

会议用具及设备要求：

____

娱乐设施：

____

备注：

____

饭店接洽人：__________ 日期：__________

预订设施需付预订保证金：__________，客人若取消宴会请提前______天通知饭店，否则概不退款。

签名：__________

日期：__________

“宴会预订单”和客人信息的记录，都有利于饭店或餐厅日后与客人联络。但是，有时客人在预订宴会之后，由于各种原因对宴会的要求有所改变，这时预订员需要把所有的变更信息填写在“宴会变更单”（表 5-3）上，然后按照变更后的具体内容，安排准备工作和相关服务。

表 5-3 宴会变更单

宴会预订单编号：__________

发送日期：__________时间：__________

宴会名称：__________日期：__________

部门：__________

更改内容：______________________________

由：__________发送。

宴会部经理（签名）：__________

日期：__________时间：__________

（四）收取定金，签约下单

预订员在客人确认了宴会的规格和接待要求等各项具体内容、填写完“宴会预订单”之后，按照书面协议，客人应支付相应的定金。而记录了客人预订信息的“宴会预订单”，一式四份，一份存根，其他三份分别交付给客人、餐厅和厨房，即应该准确及时地转达给饭店或餐厅的相关人员，以便他们按照“宴会预订单”的相关内容，做好宴会服务的准备工作（图 5-3、图 5-4）。

“宴会协议书”（表 5-4）具有法律效应，是饭店或餐厅与客人签订的合约文书。

表 5-4 宴会协议书

本合同是由__________饭店（地址）__________

与__________公司（地址）__________

为举办宴会活动所达成的具体条款。

活动日期__________星期__________时间__________

活动地点__________

菜单计划__________饮料__________娱乐设施__________

其他__________结账事项__________

预付定金__________

客人签名__________ 饭店经办人签名：__________

日期：__________ 日期：__________

注意事项：

（1）宴会活动所有酒水应在餐厅购买

（2）大型宴会预收10%定金

（3）所有费用在宴会结束时一次付清

▲图 5-3 面谈预订

▲图 5-4 填写“宴会预订单”

知识链接

宴会销售预订员的要求

宴会销售预订是项专业性很强的工作，宴会销售预订员代表饭店与外界洽谈和推销宴会。因此，应挑选有多年餐饮工作经历、了解市场行情和饭店各项政策、应变能力强、专业知识丰富的人员承担此项工作。

具体来说，宴会销售预订员应具备以下知识和技能。

(1) 了解各宴会场所的面积、设施情况，懂得如何满足客户需求并做出反应。

(2) 清楚本饭店各类菜肴的加工过程、口味特点，针对季节和人数变动，提出对菜单的建议。

(3) 了解各个档次宴会的标准售价、同类饭店的价格情况，并有价格协商的能力。

(4) 具备本部门宴会服务人员的专业素质、工作能力等。

(5) 熟悉与宴会具体菜单相配合的酒水。

(6) 解答客人就宴会安排提出的各种问题。

活动体验

以小组为单位，每个组员分别扮演餐厅员工与客人，模拟宴会预订服务。

技能实训

实训内容	宴会预订服务
实训目的	掌握宴会预订服务流程
实训准备	模拟餐厅、笔、便签、“宴会预订单”“宴会变更单”“宴会协议书”
实训方法	1. 学生观看宴会预订服务微课； 2. 教师示范讲授要点； 3. 学生分组练习

实训考核（3分钟）			
项目	考核标准	分值	得分
接受预订（8分）	热情接待预订宴会的客人	2	
	准确回答客人问题	3	
	准确填写“宴会预订单”	3	
预订跟踪（9分）	跟踪确认签订“宴会协议书”	3	
	根据情况收取定金	2	
	填写“宴会通知单”或“宴会变更单”	2	
	宴会当天进行督促检查	2	
预订反馈（3分）	宴会结束致谢并征求意见	1	
	建立宴会预订档案	2	
合　计		20	

任务三　团体包餐预订服务

在餐厅的营业中，除了散客、宴会的用餐收入之外，还经常会有团队订餐收入。对于许多餐厅而言，这往往是比较稳定的一部分收入，它主要是来自一些长期合作或者协议单位的用餐业务。

情境导入

悦格大饭店宴会部接到有长期合作关系的某旅行社的电话预约。要求餐厅在下周四安排25位旅客的晚餐，每人餐费标准45元，其中有2位客人是素食主义者。实习生小乐根据电话内容填写“团体包餐预订单”。

任务学习

团体包餐预订，指会议或旅游团的就餐，因同时就餐的客人较多，一般都需提前预订。团体包餐有旅游团包餐、访问团包餐、考察团包餐、会议包餐等形式。

团体包餐的客人多而且比较固定，餐后一般由接待单位相关人员负责签单结账。所以，不管是电话预订还是面谈预订，或者是网络预订，在预订服务上都应该注意上述特点，了解客户的诸多具体要求，详细填写好“团体包餐预订单”。

团体包餐具有固定的就餐标准、就餐规格、就餐时间等特点。所以在预订服务上应该注意以下方面。

一、了解包餐的标准

不论人数多少的包餐，一般都是统一标准，预订员要了解团体包餐的餐类和标准菜单，熟悉菜单拟定中的菜肴品种、数量、荤素、营养搭配和酒水情况。

二、了解包餐人数

按照就餐人数，提前安排并提供大小合适的就餐环境和桌次。

三、了解包餐时间

掌握好就餐的开餐时间，准时开餐；了解团体的用餐时间要求，合理安排服务。

四、掌握包餐方位

当同一个餐厅、同一时间接待几个包餐团体时，每一个包餐团体的用餐方位，在预订时必须事先做好合理安排，以免在一起就餐时出现错位现象。

五、了解包餐客人

包餐客人的构成不尽相同，预订服务时需要了解以下两个方面：一是了解客人的身份、国籍，民族以及宗教信仰等，做到灵活、有针对性的服务；二是了解客人的饮食禁忌和特殊需求，在细微之处做到完美服务。

“团体包餐预订单”的格式参考如表 5-5 所示。

表 5-5　团体包餐预订单　　编号：

订餐员姓名	订餐单位	订餐人数	餐类	人均标准	订餐费用结账者	订餐根据	填单日期	订餐员工号	备注

活动体验

以小组为单位，每个组员分别扮演餐厅员工与客人，模拟团体包餐预订服务。

知识链接

团体包餐服务注意事项

(1) 注意饭菜要保温，应等客人到齐后再上菜，不能提前上菜、上饭。

(2) 客人如果要预订标准外的酒水，应满足要求，但差价要现付，应向客人解释清楚。

(3) 个别客人用餐时有特殊要求，如想吃面食、不吃猪肉，应尽量满足。

(4) 对在饭店逗留时间较长的旅游团或会议代表，应根据客人情况提供不同菜单，切忌每天都是重复的菜肴。

(5) 注意巡台，随时给客人撤换餐碟、添加饮料。外宾中有些人不会使用筷子，应及时提供叉、勺。

技能实训

实训内容	团体包餐服务
实训目的	掌握团体包餐服务流程
实训准备	模拟餐厅、笔、便签、“团体包餐预订单”
实训方法	1. 学生观看团体包餐服务微课； 2. 教师示范讲授要点； 3. 学生分组练习

续表

实训考核（3分钟）			
项目	考核标准	分值	得分
“团体包餐预订单”填写	设计“团体包餐预订单”	5	
	填写订餐人姓名、订餐单位、用餐人数、用餐标准、结账者、填单日期等各项具体内容	5	
合　计		10	

项目六

餐前服务

餐前服务，指客人在正式就餐之前，饭店或餐厅提供的具有引导性质的具体服务。在本书中，餐前服务包括迎宾服务和点菜服务两部分。迎宾员迎宾服务和值台员迎宾服务构成完整的迎宾服务过程；而呈递菜单、推荐菜肴、接受点菜、填写点菜单、复述确认则形成完整的点菜服务过程。

项目目标

- 掌握迎宾服务诸多基本要点和点餐服务的基本技法与技巧。
- 熟悉餐前服务中迎宾服务和点菜服务的规范操作与基本流程。
- 了解餐前服务的必要性，了解基本的菜单知识。

任务一 迎宾服务

情境导入

实习生小乐轮岗至悦格大饭店餐厅的迎宾岗位，她穿上古色古香的紫色旗袍，显得格外端庄秀丽。下午5:40，她已经站在餐厅门口，笑容可掬，热情地问候前来就餐的客人，将客人引领至他们喜爱的位置，而其他值台服务员也忙碌地进行着客人入座后的服务。

任务学习

一、餐厅迎宾服务流程

（一）迎宾员迎宾服务流程

1. 热情问候

（1）提前到岗，以标准站姿站立在餐厅门外或迎宾台，准备迎候客人（图6–1）。

（2）客人到来时，应面带微笑，以适当的语言主动上前问候。

（3）当客人确定就餐后，应主动向客人询问是否有预订，并进行核实。如果没有预订，则查看是否有空桌。

（4）如果餐厅已经客满，迎宾员应礼貌耐心地向客人解释，询问客人是否愿意等待并告知大约等待的时间；为客人办好登记候位手续，可以先让客人在门口的休息区或沙发上等候，此时可以提供杂志、饮料、糖果、小点心等，做好候位服务。

（5）问清客人就餐人数，确认客人情况。

▲图 6-1　迎宾服务

迎宾领位

2. 规范引领

（1）领位应走在客人左前或右前方，与客人保持 1m 左右距离。如果经过拐角、楼梯或昏暗处，或道路不平时，需提醒客人留意，以手势明确前进方向。对老幼病残孕或行动不便者要主动上前搀扶，在引领中遵循“女士优先”的原则（图 6–2）。

（2）引座过程中应尊重客人的选择，不可强行安排客人的餐桌。

（3）注意一张餐桌只安排同一批客人就座。

（4）合理领位，在引领客人进入餐厅各个服务区时，还应注意均匀分配工作量，使餐厅处于有效控制中。

▲图 6-2　引领服务

3. 拉椅入座

迎宾员把客人引到餐桌边，一边为客人拉出椅子，一边询问客人对餐位是否满意。

（1）迎宾员站在椅背正后方，双手握住椅背的两侧，后退半步的同时将椅子轻轻向后拉开半步，以便客人有足够空间入座（图 6–3）。

（2）以右手做邀请的手势示意客人入座（图 6–4）。

（3）客人即将坐下时，双手扶住椅背两侧，同时右脚抵住椅背，手脚配合慢慢向前推送，让客人恰到好处地坐下。服务过程中应遵循“女士优先、先宾后主”的服务原则。

（4）如有儿童就餐，需搬来儿童座椅并协助其入座。

▲图 6–3 拉椅服务

▲图 6–4 入座服务

4. 呈递菜单

客人入座后，呈递菜单。迎宾员应打开菜单的第一页，站在客人右侧将菜单双手呈递给客人（图 6–5）。

（1）呈递的菜单应保持清洁完整。

（2）拿菜单和饮料单时，是用左手将其夹在前臂，用右手从上方将其打开，翻到第一页，双手呈递客人（图 6–6）。

▲图 6–5 呈递菜单服务

▲图 6–6 递送菜单服务

（3）呈递菜单要遵循“女士优先，先宾后主”的服务原则。如果是团体客人，应递给主人右手的第一位客人，一桌客人通常要准备两本菜单。如果没有专为儿童准备的菜单，最好不要递给儿童普通菜单，如其父母要求时可例外。

5. 交接记录

迎宾员将客人就餐人数、宾主姓名等信息告知值台员后，礼貌告别客人返回自己的工作岗位。值台服务员继续进行迎宾服务工作。

迎宾员回到迎宾台之后，还应把来宾人数、到达时间、台号等迅速地记录在本子上。

（二）值台服务员迎宾服务流程

1. 递送香巾

(1) 香巾放在香巾托中，用托盘送上，用香巾夹夹取香巾进行服务（图 6–7）。

(2) 值台服务员按“女士优先，先宾后主”的原则依次递上香巾。

(3) 热香巾要抖开后放在客人的手上，冷香巾直接放在香巾托中。

(4) 客人使用后，征询客人是否可以撤下香巾，须经同意方可撤下。

(5) 香巾要干净、无异味，热香巾温度一般保持在 40℃左右。

▲图 6-7　递送香巾服务

2. 斟送茶水

(1) 询问客人喜欢饮用什么茶，问茶的同时适当介绍并告知价位。

(2) 在客人右侧斟倒第一杯欢迎茶，以八分满为宜，按照“女士优先，先宾后主”的原则斟茶（图 6–8）。

(3) 为全部客人斟茶完毕，将茶壶添满水后放在餐桌转盘上，供客人自己添茶。

▲图 6-8　斟送茶水服务

3. 撤换餐具

(1) 在客人浏览菜单的同时，值台服务员应迅速拿走花瓶或插花作品，按实际用餐人数撤去多余餐具或补上加位餐具。

(2) 撤、加餐具应使用托盘，轻声操作。

4. 铺设餐巾

(1) 一般情况下应在客人右侧为其铺设餐巾，以“女士优先，先宾后主”为原则（图 6–9）。

(2) 站在客人右侧时，拿起餐巾将其打开，注意右手在前、左手在后，将餐巾轻铺于客人腿上，注意胳膊肘不要碰到客人。反之，也可以站在客人左侧为客人铺设餐巾（图 6–10）。

▲图 6-9 展开餐巾服务

▲图 6-10 铺设餐巾服务

(3) 中餐服务中，客人不太愿意将餐巾铺在腿上时，可以在打开餐巾后，一边轻声提醒客人“对不起打扰一下”，一边将它压在餐碟或展示盘下面（图 6-10）。

(4) 如有儿童用餐，可根据家长需要帮助儿童铺设餐巾。

5. 撤去筷套

(1) 在客人右侧，用右手拿起装有筷子的筷套交于左手，用右手打开筷套封口，捏住筷套后端取出，摆放在桌面上原来的位置。

(2) 每次脱下的筷套握在左手中，最后一并撤走。

二、特殊客人的领位服务

有效合理的领位服务，应该在尊重客人选择的同时，根据客人到达的人数，客人的身份、年龄、喜好等安排其席位。

(1) 情侣或夫妇。尽量安排在环境幽静或景色优美的地方。

(2) 老年人。尽可能安排在靠近餐厅门口的地方，避免过多走动。

(3) 残障人士。尽量安排在出入口隐蔽处方便就餐的位置。

(4) 衣着时尚的客人。安排在餐厅中引人注目的位置，以满足其愉悦心理。

(5) 单独就餐的客人。安排在靠近窗口的座位，便于客人远眺。

(6) 带小孩的客人。安排在内角不碍通道的座位。

(7) 喧嚷的大批客人。安排在餐厅的包房或餐厅靠里面的座位，以免干扰其他客人就餐。

(8) 带宠物的客人。婉言告知宠物不能带进餐厅。

(9) 第一批的客人。可以安排在靠近入口或距窗户较近的餐位，营造餐厅热烈的气氛。

知识链接

迎宾引领服务中的手势

手势是具有表现力的一种体态语言，在迎宾引领服务中，服务员向客人进行问候、谈话、引领、指示方向的时候使用，表示“请进”“这边请”“请随我来”“里边请”“请坐”等语义，规范、适度、恰当的手势给人以优雅礼貌的感觉。

“请”的手势的基本规范要求为五指自然伸直并拢，掌心斜向上方，腕关节伸直，手与前臂成直线，手掌与地面成45°，手臂略微弯曲约140°。注意：手臂不能完全伸直，也不能弯曲为90°。

横摆式：不超过客人的视线，不低于胸部，做动作时，以肘关节为轴，上臂带动前臂，由身体一侧自下而上抬起来，身体略微前倾，头略转向手势方向，面带微笑，面向客人（图6–11）。

前摆式：如果一手持物或扶着门，需要向客人做“请”的手势，可以采用前摆式“请”的手势（图6–12）。

双臂横摆式：如果在面对较多来宾时，可以采用动作大一些的双臂横摆式“请”的动作（图6–13）。

双臂侧摆式：如果是站立在来宾的侧面，可将两只手臂向同一侧摆动，采用双臂侧摆式“请”的动作（图6–14）。

斜摆式：请客人落座时，手势应摆向座位的地方，可采用斜摆式“请”的手势（图6–15）。

直臂式：需要给客人指引方向时，不可以用一个手指指示，应注意手臂伸直与肩同高，采用直臂式“请”的手势（图6–16）。

▲图6–11　横摆式

▲图6–12　前摆式

▲图6–13　双臂横摆式

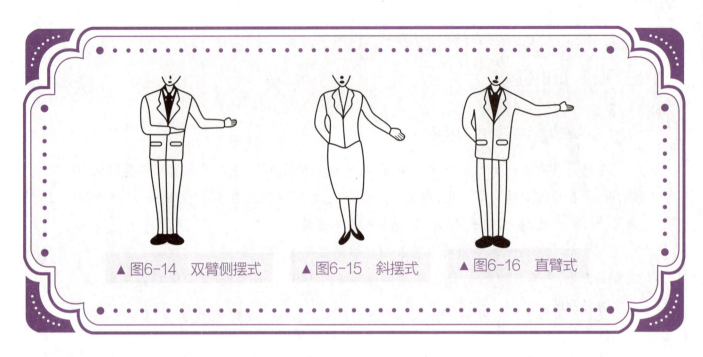

▲图6-14 双臂侧摆式

▲图6-15 斜摆式

▲图6-16 直臂式

活动体验

以小组为单位,每个组员分别扮演餐厅员工与客人,模拟迎宾服务流程。

技能实训

实训内容	迎宾服务流程		
实训目的	掌握迎宾服务的流程		
实训准备	模拟餐厅、菜单、香巾、茶水、餐巾		
实训方法	1. 学生观看迎宾服务微课; 2. 教师示范讲授要点; 3. 学生分组练习		
实训考核(5分钟)			
项目	考核标准	分值	得分
热情问候(8分)	姿态标准	2	
	使用敬语	2	
	询问预订与否	2	
	确认客人就餐情况	2	
规范引领(6分)	规范引领,引领中遵循“女士优先”原则	3	
	询问客人意见	3	

续表

实训考核（5分钟）			
项目	考核标准	分值	得分
拉椅入座（16分）	站在椅背正后方，双手握住椅背两侧，后退半步将椅子向后拉开半步	8	
	邀请手势示意客人入座	2	
	客人即将坐下时双手扶住椅背两侧，单脚抵住椅背向前推送	4	
	如有儿童，设儿童座椅，并协助其入座	2	
呈递菜单（4分）	菜单翻到第一页，双手呈递给客人	2	
	遵循“女士优先、先宾后主”的原则	2	
交接记录（4分）	将客人就餐人数、宾主姓氏等信息告知值台员，礼貌告别客人	2	
	返回迎宾台后，将来宾人数、到达时间、台号等记录在本子上	2	
递送香巾（6分）	香巾放在香巾托中用托盘送上，用香巾夹进行服务	3	
	热香巾抖开后放在客人手上，冷香巾直接放在香巾托中	3	
斟送茶水（6分）	在客人右侧斟倒第一杯欢迎茶，八分满为宜	3	
	斟茶完毕，将茶壶添满水后放于餐桌转盘上	3	
撤换餐具（3分）	迅速拿走花瓶或插花作品，按实际用餐人数用托盘撤去多余餐具或加位补餐具	3	
铺设餐巾（6分）	在客人右侧打开餐巾	2	
	轻声提醒客人并将它压在餐碟或展示盘下面	2	
	儿童用餐，可根据家长需要帮助儿童铺设餐巾	2	
撤去筷套（1分）	在客人右侧，用右手拿起筷套的筷子交于左手，右手打开筷套封口，捏住筷套后端取出	1	
合　计		60	

任务二 点菜服务

情境导入

开餐前，实习生小乐和同事一起去员工餐厅用餐，同事讲的一个事例引起了小乐的深思：一个不懂法语的英国妇女在巴黎一家餐厅就餐，她接过侍者递来的菜单，看了一会儿菜单后，她点了菜单上最后几道价格不菲的“大菜”。半个小时过去了，菜还没有上来，她生气地叫来老板。老板微笑着说：“太太，您点的这些曲子，乐队刚才不是已经演奏过了吗？”英国妇女顿时傻了眼。

任务学习

一、点菜前的准备

(1)了解菜单上菜肴的制作方法烹调时间、口味要求和装盘要求。

(2)了解菜单上菜肴的单位,即一份菜的规格和分量等,通常以盘、斤、两、只、打、碗等来表示。

(3)了解客人口味和饮食需求。

(4)掌握不同客人所需菜肴的组成和分量,通过观察客人的言谈举止、年龄和国籍获得信息,同时掌握客源国饮食习惯和菜肴知识,便于做好建议性销售。

(5)懂得上菜顺序、时机和佐料搭配。

(6)能用外语介绍菜肴的口味特点、烹调方法和原料等。

二、点菜的技巧

要掌握"一看、二听、三问"的技巧。

(1)"一看"。指看客人的年龄、举止、情绪,是吃便饭还是谈工作或宴请朋友聚餐,针对菜品是炫耀型还是茫然型,还要观察谁是主人、谁是客人。

(2)"二听"。指听口音,判断客人是哪儿的人,或从客人的交谈中了解主人与宾朋之间的关系。

(3)"三问"。指征询客人饮食需要,进行适当的菜点介绍。

三、点菜服务流程

(一)呈递菜单

呈递菜单是零点餐厅服务的重要环节,规范的菜单呈送动作有助于引发客人的消费欲望。在呈递菜单之前,必须对所呈的菜式都有充分的了解,包括它的成分、原料和做法,特别是厨师精选之类的菜更应了如指掌(图 6–17)。

▲图6–17 呈递菜单

(1)准备点菜单,确保点菜单干净、清楚、整洁。

(2)有礼貌地问候客人,如"先生,晚上好!"然后自我介绍。

(3)客人就座后,首先应了解用餐性质,询问主人是否可以开始点菜。若是可以,先检查一遍菜单,确保其清洁、美观。

(4)呈递菜单时,站在客人的右侧半步距离的地方,上身微倾,以示对客人的尊重。

(5) 递菜单动作一定要规范，音量适中，语气亲切。先将菜单的第一页打开，然后按照“女士优先，先宾后主”的顺序，点头微笑，双手递送至客人手中。

(6) 如果采用明档点菜，点菜员首先要判断客人的需求，并确定自己的引领路线。一般到明档区，主人会陪同客人一起前往，点菜员要看客人的要求，更要在方便的瞬间不失时机地与客人沟通，摸清客人的消费习惯。

(二) 推荐菜肴

客人点菜的时候是服务员推销的最好时机，当客人需要服务员推荐菜肴时，服务员可先询问客人喜欢什么样的口味，或有什么特殊的要求，然后再给客人推荐。服务员要精通菜单，并尽可能地为客人提供推荐菜肴的详尽资料，让客人在推荐的基础上自己做出决定(图 6–18)。适当的推销能为餐厅带来更多的客人和利润，但是“硬性推销”只能导致失败。

▲图6–18　推荐菜肴

(1) 服务员首先应熟悉菜单上各类菜式的名称及价格，清楚每个菜肴的烹调方法及特色，了解当天特价菜的名称、价格，以便做介绍。

(2) 服务员应留有一定的时间让客人翻看菜单。可站在客人的侧后方，不要让客人有被催促的感觉。

(3) 服务员要掌握一定的推销技巧，通过看、听、问等方法，主动了解客人的需求，并有针对性地为客人推荐菜肴。尽力向客人推销本餐厅的时菜、特色菜、名菜、畅销菜、精品菜，当好客人的参谋。

(4) 不宜推荐太多的菜肴，这样可能让客人无所适从。

(三) 接受点菜

接受点菜的过程是服务员与客人之间相互了解的过程，是客人了解餐厅经营特色和服务水准的重要途径(图 6–19)。

(1)点菜时，站在客人侧后方半步距离的地方，身体微微向前倾，眼睛注视客人。

(2) 点菜期间，服务员应根据客人的人数为客人合理配份，当好参谋。

(3) 有些菜肴在加工前应进一步请客人确认，并让客人看到实物，有些饭店将海鲜类菜品等实物直接展示给客人，明码标价，让客人自己选择，从而减少了点菜中的麻烦。

(4) 注意客人所点的烹饪时间长的菜，说明这道菜的烹饪时间，及时提醒客人，请客人衡量后决定。

▲图6–19　接受点菜

(5) 如果遇到厨房没有一些原料或不能做一些菜式时，要做好解释工作。

(四) 填写点菜单

填写点菜单如图 6-20 所示，具体要求如下。

(1) 准备好点菜单和笔。

(2) 填写点菜单时，要求字迹工整、内容准确。

(3) 注明桌号、菜名、菜的规格分量、规格大小、计量单位等。

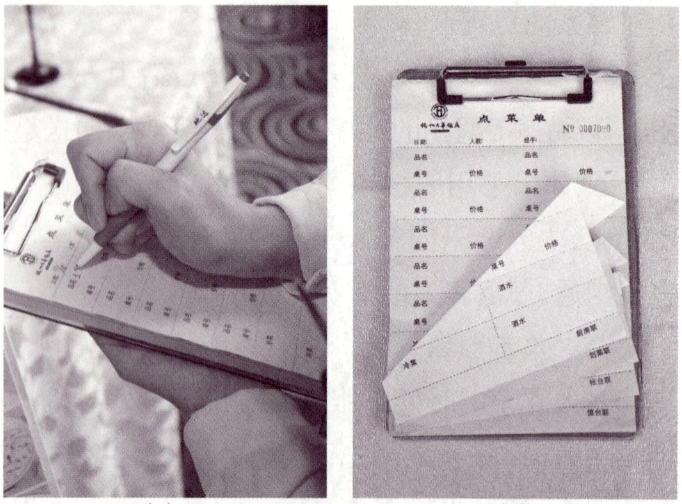

(a) (b)

▲图 6-20 填写点菜单

(4) 要仔细听清客人所点的菜肴，客人每点一道菜，服务员要认真记录并用肯定的语气给予回应。如果没有听清楚或有疑问，要向客人问清楚，以免错记或漏记。

(5) 点菜单上注明个性需求和忌口的内容。

(6) 冷菜、热菜、点心、水果要分单填写。

(7) 将客人的点菜单各联分送至各部门，或者将点菜单中的菜肴分量、价值、总金额等所有项目输入计算机，打印后交给客人并通过屏幕通知厨房。

(8) 客人点菜没有结束之前，不要离开。

(五) 复述确认

(1) 待客人点菜完毕，应该清楚地重复一遍客人所点菜肴的内容(图 6-21)。

(2) 复述完毕后，注明下单时间。

(3) 回收菜单，并向客人致谢，说明大致需要等候的时间。

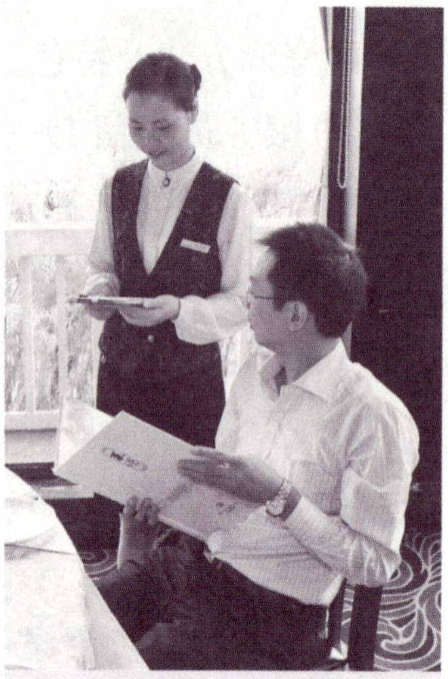

▲图 6-21 复述确认

知识链接

菜单知识与智能点菜

一、菜单知识

菜单的制定必须符合客人的要求，并体现餐厅的经营特色。菜单的作用是告示客人餐厅能向他们提供的菜肴品种及价格,饭店厨师应根据菜单品种进行原料准备和加工并生产菜肴。一份菜单的内容应包括饭店及其餐厅的名称、地址及位置;菜肴的特点和风味;各种菜肴的名称及单位价格;营业时间、电话号码等。

(一)零点菜单

零点菜单在餐厅里是最常见、使用最广的一种菜单形式。这种菜单分别标出每个菜的价格,客人可自由点菜,并按价付款。

(二)套餐菜单

套餐菜单亦称定食菜单、公司菜单,其一次用餐的所有菜用一个固定的价格标出,客人不能随意点菜,而只能按照一个固定价格付款。

(三)团体包餐菜单

团体包餐菜单是根据订餐单位规定的用餐标准来制定的,因此在安排菜点时,既要让客人吃得满意,又要保证餐饮部的利润。

(四)宴会菜单

宴会菜单是根据客人的国籍、宗教信仰、口味特点、宴会标准,应宴请单位或个人的要求制定的。

(五)自助餐菜单

自助餐的特色是花色品种较多、布置讲究。由于自助餐厅提供的菜点范围很广,所以要变换花色品种是不难做到的。确定自助餐的销售价格要比其他餐饮形式更为困难,因为饭店不容易控制客人的选择。

二、餐饮智能点菜

为了提高点菜的工作效率,有效地减少客人的等待时间,提高服务质量,现代餐厅基本上会使用智能点菜系统,贯彻“智慧化”与“自助化”的概念,采用餐厅智能点菜的方式来降低人力成本,在节约成本的同时进一步提升客人体验和优化餐厅形象。

首先,客人在进入餐厅就座之后扫描餐桌上的二维码,小程序点餐系统就会自动识别餐桌号,客人可以在小程序点餐系统内查看电子菜单,在线选择心仪餐品并完成支付。收银和后厨就会自动接单并进行配餐、出餐。智能点餐系统的主页面美观,操作简单、快捷。主要功能在小键盘上即可完成,支持图形点菜、编码点菜等多种点菜方式,录入方式可自动切换,能极大地提高前台营业的效率。

活动体验

以小组为单位，每个组员分别扮演餐厅员工与客人，模拟点菜服务流程。

技能实训

实训内容	点菜服务流程		
实训目的	掌握点菜服务的流程		
实训准备	模拟餐厅、菜单、笔		
实训方法	1．学生观看点菜服务微课； 2．教师示范讲授要点； 3．学生分组练习		
实训考核（5分钟）			
项目	考核标准	分值	得分
呈递菜单（8分）	准备点菜单	2	
	有礼貌地问候客人，如“先生，晚上好!”，然后自我介绍	2	
	了解用餐性质，询问主人是否可以开始点菜	2	
	呈递菜单	2	
推荐菜肴（6分）	熟悉菜单	2	
	站立到正确的位置	2	
	推荐菜肴	2	
接受点菜（8分）	点菜时站在客人侧后方半步距离的地方，身体微微向前倾，注视客人	2	
	根据客人的人数为客人合理配份	2	
	对客人所点的烹饪时间长的菜肴，给予及时提醒	2	
	对厨房没有原料或不能做的一些菜式做好解释工作	2	
填写点菜单（6分）	准备好点菜单和笔	2	
	填写点菜单	2	
	分送点菜单	2	
复述确认（2分）	复述所点菜肴	1	
	回收菜单	1	
合计		30	

项目七

席间服务

席间服务几乎贯穿餐厅服务的全过程，是餐饮服务人员工作流程的重要环节。进行席间服务时，服务人员常常需要与客人面对面接触，这时是让客人感受到餐厅周到服务的好时机。所以，席间服务对服务人员技能要求特别高，需要服务人员及时有效地与客人进行沟通，并时刻注重服务过程中的细节，做到动作迅速、忙而不乱。

项目目标

- 掌握撤换餐具的基础知识，并能进行相关操作技能的训练，学会根据时机进行餐具的撤换，达到熟练操作的训练要求。
- 学会选用不同且有效的方法处理好席间的特殊情况。

任务一 撤换服务

情境导入

悦格大饭店餐厅来了七八位穿着朴素的客人。他们找了一个角落的位置坐下，开始点菜。实习生小乐主动为客人介绍了饭店的一些特色菜肴。

用餐期间，小乐发现客人都将骨头、鱼刺等吐在台布上，骨碟只用来放干净的菜。她想这些客人怎么这样，将骨刺杂物吐在台布上，不但会造成台布清洗困难，还不利于收台等工作，而且堆积过多也会给自己的就餐带来不便。但她忽然想到，可能是客人不明白骨碟的真正用途，因此，小乐立刻用托盘托着干净的骨碟走上前去，对客人说："对不起，我给您换个骨碟。"然后将客人放在桌子上的杂物用筷子夹进骨碟里，拿走用过的骨碟，换上干净的骨碟。客人们看着忙碌的小乐，似乎明白了什么。之后，小乐发现客人们开始将杂物放在了骨碟里，而小乐一发现客人骨碟里的杂物较多时，便及时予以撤换。

任务学习

一、撤换个人餐具

(1)服务员把干净的餐具放在托盘一侧，左手托盘，行至客人的右侧用右手撤换餐具［图 7-1(a)］。

(2) 从主宾开始，先将用过的餐具撤下放在托盘的另外一侧，然后换上干净的餐具［图 7–2(a)(b)］。

(3) 按照顺时针方向依次为其他客人撤换餐具。

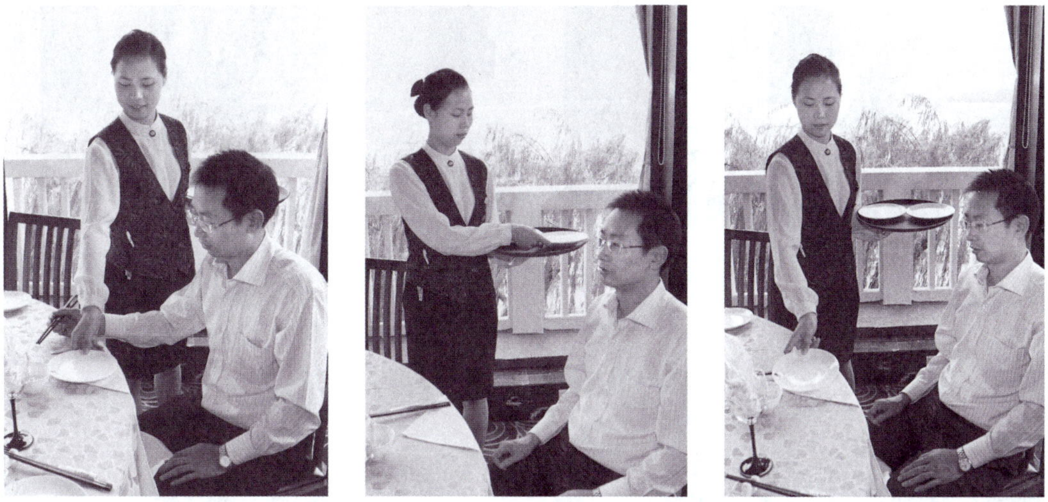

(a)　　(b)　　(c)

▲图 7–1　撤换个人餐具步骤

(4) 撤换餐具要征得客人同意，如果打扰客人进餐，需向客人致歉。

(5) 撤换餐具时要注意卫生，撤盘和放盘最好使用不同托盘，避免餐具受到二次污染。

(6) 托盘要稳，物品堆放要合理，尽量避免餐具碰撞发出声音。

(7) 客人没有用完的餐具不能撤换。如个别客人还没有吃完，而新的菜又来了，这时可先送上一只干净的骨碟。

(8) 撤换餐具时，要避免汤汁、骨、刺弄脏客人的衣物。

(9) 尊重客人习惯。如中餐撤换骨碟时，有的客人将筷子放在骨碟上，要将筷子按原样放在干净的骨碟上。

二、撤换菜盘

(1) 用托盘撤换菜盘时，服务员右脚在前，左脚在后，用右手撤下菜盘，放入左手的托盘中(图 7–2)。

(2) 徒手撤盘时，在客人右侧操作，用右手撤菜盘，将其放入左手，左手要移到客人身后。

(3) 撤换菜盘时需征得客人同意。

三、撤换酒具

(1) 服务员把干净的酒具放在托盘一侧，左手托盘，从客人的右侧用右手撤换酒具(图 7–3)。

(2) 按照顺时针方向依次撤换。

(3) 撤换酒具时需征得客人同意。

(a) (b)

▲图 7-2 托盘撤换菜盘

(a) (b) (c)

▲图 7-3 撤换酒具步骤

四、撤换小毛巾

撤换小毛巾时，先将用过的小毛巾撤下，然后将折好的干净小毛巾用毛巾夹夹至毛巾托内，并说“请用毛巾”（图 7-4）。

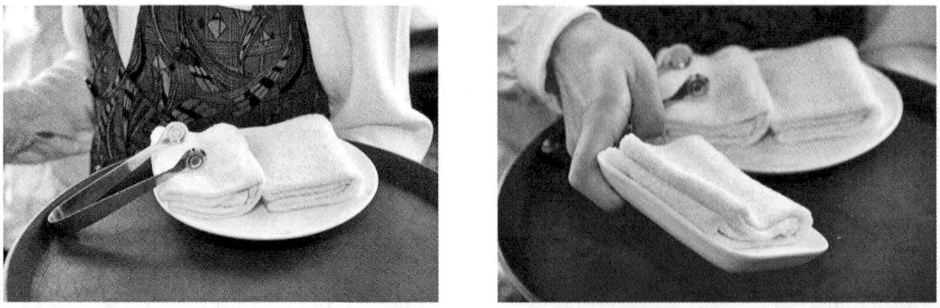

(a) (b)

撤换服务

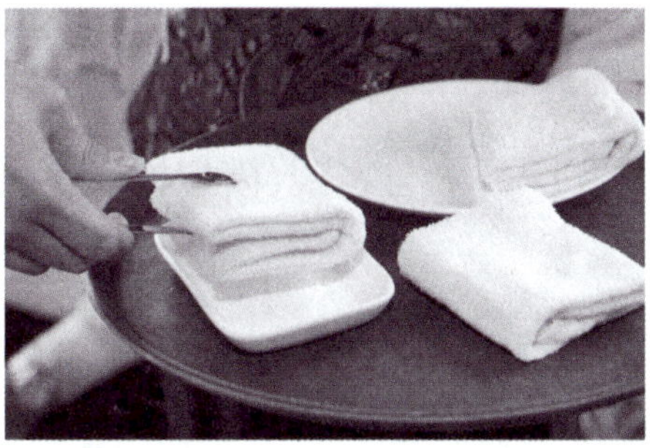
(c)

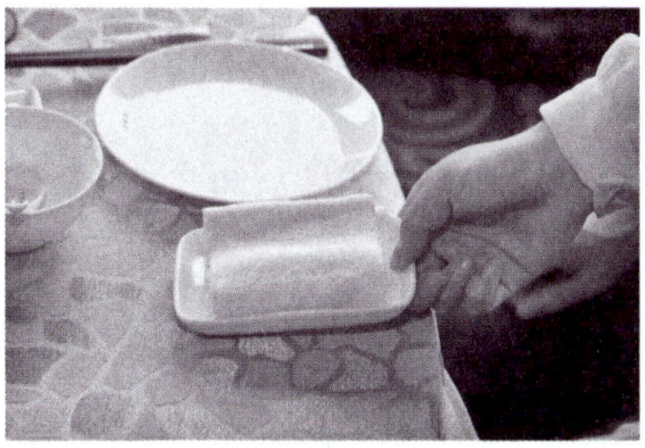
(d)

▲图7-4　撤换小毛巾步骤

知识链接

撤换服务的最佳时机

一、撤换个人餐具

(一) 按照程序规定更换

(1) 吃完口味比较重或口味相差较大的菜肴时，需要撤换骨碟，以防与下一道菜串味，影响客人食欲。

(2) 上羹、汤和名贵菜肴之前，应更换餐具。

(3) 上甜品、水果前，换上干净餐碟。

(二) 根据客人需要更换

(1) 吃完多骨、刺、壳的菜肴后(如虾、蟹)或者骨碟内盛得较满时，需要及时更换骨碟。

(2) 客人要求更换餐具时。

二、撤换菜盘

客人就餐时，如果桌面上有吃完或菜量较少的菜盘时要及时撤下，保持桌面清洁美观。在撤换之前最好征求一下客人的意见，看客人有无需要。

三、撤换酒具

客人就餐时，如果客人需要更换酒水、饮料，要及时更换酒具。以免不同酒水之间互相串味。

四、撤换小毛巾

一般宴会每上两道菜，就需要更换一次小毛巾。客人用餐完毕后，需再次撤换小毛巾。当有个别客人提出更换需求时，还应更换小毛巾。

活动体验

以小组为单位,每个组员分别扮演餐厅员工与客人,模拟撤换各种餐具服务。

技能实训

实训内容	撤换餐具服务		
实训目的	掌握撤换餐具的方法		
实训准备	模拟餐厅、骨碟、菜盘、酒具、小毛巾		
实训方法	1．学生观看撤换餐具微课； 2．教师示范讲授要点； 3．学生分组练习		
实训考核（5分钟）			
项目	考核标准	分值	得分
撤换骨碟（10分）	待客人将骨碟中的食物吃完或骨碟里装有1/3杂物时，及时撤换骨碟	3	
	按顺时针方向撤换	2	
	在客人右侧服务，左手托盘，右手先撤下用过的骨碟，然后送上干净的骨碟	3	
	托盘要稳，物品堆放要合理	2	
撤换菜盘（10分）	撤盘前先询问客人意见	3	
	在客人的右侧将菜盘撤回到托盘中	4	
	征得客人同意后将菜合并到另一个菜盘中	3	
撤换酒具（10分）	注意撤换时机	3	
	从客人右侧按顺时针方向进行	4	
	操作时，不得使酒杯相互碰撞，以免发出响声	3	
合　计		30	

任务二 席间特殊情况处理

服务员在进行席间服务时,常常会遇到一些特殊情况。如果不能妥善处理好特殊情况,很容易招来投诉。反之,则会给客人带来“满意 + 惊喜”的服务,提高饭店的声誉。

情境导入

今天是餐厅实习生小乐参加人力资源部组织的餐饮服务培训时间，由餐饮部经理给员工上课，餐饮部经理首先讲述了一个案例：

一天凌晨，饭店的夜班总机接线员连续10次接到同一位男士打来的电话，他似乎喝醉了，每次在电话中只重复着一句话：“请问饭店的餐厅什么时候开门？”就再也不说话了。

当接线员第11次接到这位男士打来的电话时，她气坏了，还没等他开口就大声喊道：“记住，餐厅早上6:00开门！”

“早点开门吧！”男士在电话里哀求说，“我被锁在餐厅里了，我想早点离开呀！”

任务学习

一、对醉酒客人的服务

（一）情境分析

客人在喝醉酒后，在酒精的作用下容易胡言乱语、失去自控能力甚至昏迷不醒，这给服务带来了困难。

（二）服务建议

(1)在服务过程中，服务员要随时注意观察那些饮酒过多的客人，对于已经接近醉酒状态的客人，服务员更要有礼貌地谢绝继续提供酒水的要求，并为其介绍一些不含酒精的饮料，如咖啡、果汁。

(2)对于重度醉酒的客人，服务员要认真服务，如有呕吐，要及时清理呕吐物；关注客人情况，避免影响其他客人用餐；把客人安排在偏僻、安静的位置；关注客人的情绪，恰如其分地关心客人，注意不要在语言和行动上刺激客人，以免引发客人冲动；向客人提供有助于醒酒的饮品。

(3)如醉酒的客人有其他客人陪同，则提醒其他客人予以细心照顾；如果没有，应该及时通知其亲属或者朋友。

(4)对在饭店大吵大闹、寻机闹事的醉酒客人，要尽量使其平静下来，并将客人请入包间，以免影响餐厅正常营业，对经服务员努力采取过措施但仍不奏效的醉酒客人，服务员应马上向领导汇报，由保安人员或公安人员协助解决问题。醉酒客人损坏的餐具、用品要照价赔偿。

(5)建议呕吐的客人吃些面条、稀饭等容易消化的食物。

(6)发现醉酒客人出现昏迷、呼吸困难等紧急状况，应立刻拨打“120”，将客人送往医院。

(7)处理结果应记录在工作日志上。

二、对儿童的服务

（一）情境分析

孩子是家庭的重心，服务员接待儿童时要注意：小孩儿看到他喜爱的食物或饮料时往往会大喊大叫、手舞足蹈，吃饱后又会乱动乱跑，这时服务员要掌握儿童就餐时比较好动的特点，做好服务工作。

（二）服务建议

(1)对小客人要面带笑容，耐心、愉快地接待。

(2)端一张儿童椅，帮助小客人坐好，尽量不要把他安排在过道边和上菜的座位上。

(3)为小客人提供围兜和适合使用的餐具，准备一些适合的小礼品。

(4)把酒瓶、杯具、餐具等易碎物品移到小客人够不到的地方，不要给小客人用高脚玻璃器皿，玻璃杯不要斟得太满。

(5)如果备有儿童菜单，应让小客人的父母为他点菜。

(6)如发现小客人已跑出餐厅门外玩耍，应及时通知其家长，以免发生意外。如果小客人在过道上玩耍或打扰了其他客人时，要向他们的父母建议，让小客人坐在桌边以免发生意外事故。如果餐厅设有儿童活动区，可以让小客人在家长陪同下前往。

三、对残疾客人的服务

（一）情境分析

碰到残疾客人在无人照料下来到餐厅时，要理解他们的不便之处，恰当地、谨慎地帮助他们。

（二）服务建议

(1)不要感到奇怪或投以异样的眼光，因为他们对自己的缺陷十分敏感。服务员要根据残疾客人的需要，热诚地给予适度服务。

(2)坐轮椅来的腿脚不便的客人，应将他推到餐桌旁，尽量避免将其安排到过道边；拄拐杖的客人，应帮其把拐杖放好，以免绊倒他人。

(3)双目失明的客人就餐，要小心地放置桌上的餐具，通过读菜单、主动推荐菜肴来协助客人点菜。在服务过程中，注意服务用语。每次服务前，可以礼貌地提醒一声，以免客人突发的动作，使人躲避不及，发生意外。上完饮料和菜肴后，要告诉他放在什么地方。客人结账时，不要帮他掏钱，钱币上有盲文，客人能分辨出钱币币值的大小。

(4)接待失聪的客人时要学会用手语示意，上菜、上饮料时要用手轻轻触碰一下客人，示意将从这边或那边进行上菜服务。

四、酒水洒到客人身上的应急处理

(一) 情境分析

上菜服务过程中服务员要避免将汤汁洒在客人身上，一旦洒上，要迅速、极力补救。

(二) 处理建议

(1) 服务员因操作不慎而将酒杯碰翻时，应向客人表示歉意。

(2) 用工作餐巾吸干酒渍，并用一块干净餐巾铺在酒迹之上，换上同型号酒杯，重新斟酒。

(3) 如果客人的衣服脏了，应免费为客人提供清洗服务，男服务员不应为女客人擦拭，应请女服务员帮忙。

五、席间发现有客人携带宠物的处理

(一) 情境分析

当客人把宠物带进餐厅吃饭时，会影响其他客人就餐，容易导致其他客人投诉。

(二) 处理建议

(1) 服务员应礼貌地告诉客人餐厅不允许客人带宠物进入，尽量向客人做好解释工作，并通知值班经理。

(2) 如果在大厅用餐，在可能的情况下，调入设有卫生间的包厢就餐。

(3) 向客人的理解和支持表示感谢。

六、火灾的应急处理

(一) 情境分析

餐厅发生火灾时，服务员一定要保持镇静，针对情况采取措施，能够及时、有效地组织救援，把损失降到最低，避免次生灾害的发生。

(二) 处理建议

(1) 保持镇静，若为小火，立即采取措施扑灭。

(2) 若为大火，应立即报告总机并拨打消防电话“119”。

(3) 大声告知客人不要惊慌，听从工作人员指挥，组织客人从安全通道撤离，不能乘坐电梯。

(4) 开门前，先用手摸门是否有热度，不要轻易打开任何一扇门，以免引起更大的火。

(5) 收银员应尽量保护钱款和账单的安全，以减少损失。

七、停电事故的应急处理

(一) 情境分析

一般情况下饭店应双路供电，甚至有些饭店自备发电，因此停电事故极少发生。但是如果意外发生停电状况，就会给客人就餐和服务工作带来不便，如果处理不当还可能造成意外。

（二）处理建议

(1)及时向客人解释正在采取措施恢复供电，对给客人带来的不便表示歉意，并请客人在座位上等待。

(2)启动应急照明系统。

(3)尽快了解何时恢复供电，然后决定是否继续营业。

(4)处理结果记录在工作日志上。

知识链接

醉酒客人服务常识

对于酒醉客人可以采用以下服务技巧：酒后头疼喝蜂蜜水，果糖可促进乙醇分解；酒后头晕吃西红柿加盐有助于稳定情绪；酒后反胃、恶心食用新鲜葡萄可以中和乙醇；酒后全身发热，喝西瓜汁可加速乙醇从尿液中排出，西瓜本身也有清热作用；酒后胃部灼热，喝酸奶保护胃黏膜；蛋清、牛奶、柿饼可解酒，将三者煎汤服，可消渴、清热、解酒。

活动体验

以小组为单位，每个组员分别扮演餐厅员工与客人，模拟席间各种特殊情况的处理。

技能实训

实训内容	席间各种特殊情况的处理
实训目的	掌握席间各种特殊情况的处理方法
实训准备	模拟餐厅、骨碟、菜盘、酒具、小毛巾
实训方法	1. 学生观看席间各种特殊情况的处理微课； 2. 教师示范讲授要点； 3. 学生分组练习

续表

实训考核（5分钟）			
项目	考核标准	分值	得分
对醉酒客人的服务	能结合具体情况，提供规范、合理的针对性服务和处理方式	10	
对儿童的服务		10	
对残疾客人的服务		10	
酒水洒到客人身上的应急处理		10	
席间发现有客人携带宠物的处理		10	
火灾的应急处理		10	
停电事故的应急处理		10	
合计		70	

项目八

酒水服务

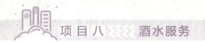

酒水服务是餐厅服务工作中一项基本的服务技能，由于酒水的品种繁多，饮用时要求的温度、盛载的杯具和服务都不尽相同，因此服务员只有熟练掌握酒水服务技能，才能真正向客人提供优质服务。

项目目标

- 掌握常见酒水的操作服务技能。
- 熟悉酒水服务的程序和方法。
- 了解中餐酒水的种类和特点。

任务一 斟酒服务

为客人推荐适合的酒水，并进行娴熟的斟酒服务，是餐厅服务的重要服务内容，可以让客人感受到餐厅服务的殷切周到。在此项服务中，要求餐厅服务员拥有丰富的酒水知识，具备良好的斟酒技能。

情境导入

实习生小乐今天的任务是服务婚宴。客人已经入座，小乐和其他宴会服务员忙碌地为客人斟倒酒水。小乐礼貌地询问客人，其中男士多选择白酒或啤酒，而老人、女士和儿童则都选择了不同的饮料。小乐一边帮客人斟倒酒水，一边撤下多余的杯具。

任务学习

一、酒水准备

在最恰当的温度饮用酒水可以享受到酒水的最佳口味，因此餐厅服务员应该了解酒水饮用的最佳温度。

1. 白酒

白酒又称“烧酒”，是以谷物或红薯为原料，经发酵、蒸馏制成。因酒液无色、透明而得名为白酒。酒精度为38%~65%Vol.。我国的白酒一般为常温饮用。

2. 黄酒

黄酒是用谷物作原料，用麦曲或小曲做糖化发酵剂制成的酿造酒。我国的黄酒服务时应烫至 25℃左右。

3. 啤酒

啤酒是一种营养价值比较高的谷物类发酵酒。它是以麦芽为主要原料，添加酒花，经过酵母菌发酵而成的一种含有二氧化碳、起泡、低酒精度的饮料酒。啤酒适宜低温饮用，一般在饮用前都要进行冰镇处理。啤酒的最佳饮用温度是夏季 6 ~ 8℃、冬季 10 ~ 12℃。在此温度下，啤酒的泡沫丰富、细腻而持久，酒香浓郁，口感舒适。

4. 白葡萄酒

白葡萄酒是用青葡萄或紫葡萄去籽、去皮后再压榨取汁，经过自然发酵，贮存 2~5 年而成。酒色较淡，一般呈淡黄绿色。饮用前需冰镇。

5. 红葡萄酒

红葡萄酒是用紫葡萄连皮一起压榨取汁，经过自然发酵，贮存 4~10 年而成。红葡萄酒发酵时间长，葡萄皮中的色素在发酵中溶入酒里，使酒液呈红色。一般在室温下饮用。

6. 香槟酒

香槟酒是一种用来庆祝佳节的酒，含有二氧化碳。为了使香槟酒内的气泡明亮、闪烁时间久一些，要把香槟酒放在碎冰内，温度降至 7 ~ 8℃时再开瓶饮用。

二、酒水开瓶

酒水开瓶

酒水瓶的封口常见的有软木瓶塞、皇冠瓶盖、易拉环和旋转瓶盖等。常用于开启酒水瓶盖的工具有开塞器和扳手。

1. 葡萄酒开瓶

开瓶时尽量避免晃动瓶身，动作要准确、敏捷和果断。具体的方法是用酒刀割取包装纸，将开塞器垂直钻进软木塞，启动软木塞，并用杠杆原理将软木塞拔出，检查软木塞，再用干净的布巾擦拭瓶口（图 8–1）。

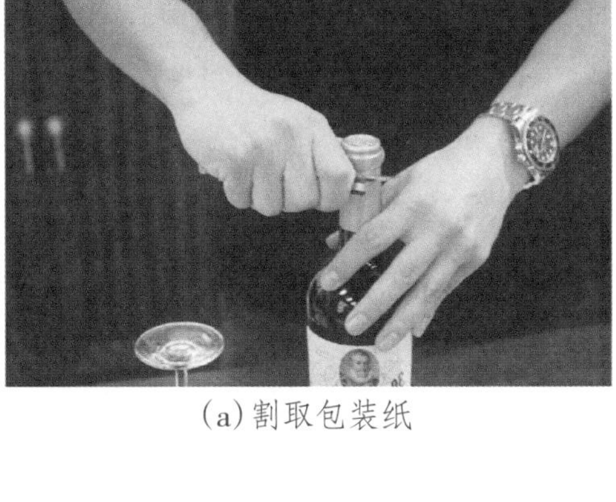

(a) 割取包装纸

(b) 钻进软木塞

(c)启动软木塞

(d)拔出软木塞

▲图 8-1 葡萄酒开瓶

2. 香槟酒(葡萄汽酒)开瓶

香槟酒的瓶塞是用外力将软木塞大部分压进瓶口的,露有一截帽形物,并用铁丝绕扎以稳定瓶内丰富的气体。开瓶前先冰镇,开启时先将瓶口的锡纸剥除,拧开铁丝。将瓶身倾斜约 45° ,右手紧握软木塞,左手转动瓶身,靠瓶内的压力和手的力量使软木塞弹出,瓶身保持倾斜数秒,防止酒液溢出(图 8-2)。

3. 皇冠瓶盖酒水开启

用托盘将酒水托至工作台,当着客人的面用扳手开启。

4. 易拉罐酒水开启

用托盘将易拉罐托送至餐台,左手托盘。在客人右侧用右手开启,不可对着客人开启。开启啤酒和汽水前不可晃动易拉罐,避免液体外喷。

(a)进行冰镇

(b)擦拭瓶身

(c)取下锡纸

(d)拧开铁丝

(e)紧握软木塞

▲图 8-2 香槟酒开瓶

三、酒水服务

(一) 醒酒

1. 醒酒的作用

(1) 过滤杂质。虽然现在很多葡萄酒都是经过过滤后才装瓶的,但也有部分酒庄为了保留葡萄酒的原始风味,只进行轻度过滤,而葡萄酒经过长时间的贮存后,会产生一些杂质和沉淀。通过醒酒器(专业名称是"滗酒器"),能将酒中的杂质和沉淀过滤掉,避免影响品酒时的口感。

(2) 驱除不良气味。葡萄酒在瓶中长时间地"沉睡",会因为细菌、二氧化硫、酵母等滋生一些难闻的气味,喝之前适当地醒酒有利于让这些不良气味散发掉。

(3) 释放香气。醒酒让空气进入酒液,唤醒葡萄酒,将各种丰富的花香和果香慢慢释放出来,还有可能发展演变出微妙复杂的其他香气,有助于品鉴时闻香。

(4) 氧化、柔和单宁。氧气与酒液的接触是一个缓慢的氧化过程,能使粗糙的单宁被柔化,使葡萄酒的口感更加顺滑。

有些葡萄酒需要提前醒,将瓶中"沉睡"的酒液唤醒,使葡萄酒的口感更加顺滑。

2. 需要醒酒的葡萄酒

不是所有的葡萄酒喝之前都需要专门醒酒。

(1) 大部分的葡萄酒都可以通过摇杯的过程边喝边醒,不需要专门醒酒,因为葡萄酒在每个时间段的变化是不同的,每瓶酒因为所处的环境不一样,需要醒酒的时间及产生的变化也不同,可以边摇杯边品味 5 分钟、10 分钟、15 分钟……慢慢喝,慢慢品,寻找最佳口味。

(2) 酒体轻盈的白葡萄酒和红葡萄酒不需要醒酒。因为这些酒本身风味柔和,果香清雅精致,醒酒时氧气的加入会使口感变得寡淡。

(3) 年份较老的葡萄酒会有些陈旧的气息,酒香被掩盖,醒酒可以激发酒的香气。但这些酒因为已经在长时间存放中被空气慢慢氧化,再长时间醒酒只会加速它的彻底氧化,所以醒酒时间不宜过长。另外,陈年的葡萄酒会产生部分沉淀,通过醒酒器可以对酒进行一定的沉淀过滤。但香气雅致且容易消散的老酒最好不要醒酒,只需在饮用前将其直立放置几天,便可开瓶饮用。

(4) 有陈年潜力,但时间尚短的葡萄酒是最需要醒酒的,如单宁含量较高、年份较新的红葡萄酒,因为这些酒有陈年潜力,需要等待一段时间才能获得更高的品质,如果直接饮用,丰富的单宁会让口感变得很青涩,单宁粗糙,所以需要通过醒酒与空气接触,柔化单宁,让口感变得圆润柔滑。

3. 醒酒的方式

醒酒的方式有醒酒器醒酒、瓶醒和杯醒三种常见方式。

(1)醒酒器醒酒。醒酒器醒酒是最常用也最实用的方式。先将酒瓶竖直静置数小时,然后准备一束光源,置于醒酒器一侧,将葡萄酒平稳而缓慢地注入醒酒器,把沉淀物留在瓶底,俗称"换瓶"。让酒液在醒酒器中与空气充分接触,单宁柔化和香气散发的速度较快,比"瓶醒"方式快很多。醒酒器醒酒是最理想的醒酒方式,不仅能完美快速地柔化单宁、释放香气和去除异味,还能去除陈年老酒的沉淀。

(2)瓶醒。把酒塞打开、静置,让瓶口部分的葡萄酒与空气进行接触,这种方式称为"瓶醒"。瓶醒柔化单宁和释放香气的效果较为缓慢,不过可以让还原性的异味挥发掉,但缺点是不能去除陈年老酒的沉淀。此种方式一般用在新年份的葡萄酒或有异味的葡萄酒上。

(3)杯醒。将酒液倒入杯中,与空气充分接触进行醒酒。因酒液与空气接触面非常大,杯醒的醒酒速度非常快。缺点是很难品尝到葡萄酒醒酒过程中的各种口味变化,且难以体验到葡萄酒的最佳品质;一瓶酒需要杯醒很多次,次数太多;不能去除葡萄酒中的沉淀。

(二)展示商标

整瓶的葡萄酒和烈性酒在开瓶前,应向客人展示酒的商标,让其验看(图 8–3)。一可以避免差错,二表示对客人的尊重,三可以促进销售。

酒水服务

▲图 8–3 展示商标

(三)徒手斟倒

徒手斟倒时,服务员左手持服务巾背于身后,右手持酒瓶的下半部,商标朝向客人,右脚跨前,踏在两椅之间,在客人右侧斟倒,瓶口距离杯口 1~2cm(图 8–4)。每斟完一杯抬起瓶口向内旋转 1/4 圈,并用服务巾擦拭瓶口(图 8–5)。

▲图 8-4　徒手斟酒

▲图 8-5　手持餐巾擦拭瓶口

（四）托盘斟酒

托盘斟酒时，服务员站在客人的右后侧，右脚向前，侧身而立；左手托盘，保持平衡，先略弯身，将托盘中的酒水、饮料展示在客人的眼前，让客人进行选择。待客人选定后直起上身，左臂将托盘往外托送，向后自然拉开移至客人身后，防止托盘碰到客人。右手从托盘中取下客人所需酒水，手持酒瓶下半部，身体前倾，手臂前伸，商标朝向客人，瓶口距离杯口 1~2cm（图 8-6），每斟完一杯抬起瓶口向内旋转 1/4 圈，并用挂在手臂上的服务巾擦拭瓶口（图 8-7）。注意托盘不可越过客人的头顶，同时掌握好托盘的重心。

▲图 8-6　托盘斟酒

▲图 8-7　餐巾挂臂，擦拭瓶口

（五）斟酒顺序和斟酒量的控制

斟酒一般从主宾位置开始，按顺时针方向依次进行。烈性酒斟倒八分满为宜，红葡萄酒斟至五分满，白葡萄酒斟至七分满，软饮料斟至八分满，啤酒顺着杯壁斟倒，以泡沫不溢出为佳。

（六）斟酒注意事项

(1) 为客人斟酒不可太满，瓶口不可碰杯口。

(2) 斟酒时，酒瓶不可拿得过高，以防酒水溅出杯外。

(3)当因操作不慎,将杯子碰倒时,立即向客人表示歉意,同时在桌面有酒水痕迹处铺上干净的餐巾。

(4)因啤酒泡沫较多,斟倒时速度要慢,让酒沿杯壁流下,这样可减少泡沫。

(5)当客人祝酒讲话时,服务员要停止一切服务,端正站立在适当的位置上,不可交头接耳,要随时注意保证每位客人杯中都有酒;讲话即将结束时,要向讲话者递上一杯酒,供祝酒之用。

(6)客人离位或离桌去祝酒时,服务员要托着酒,跟随客人身后,以便及时给客人或其他客人续酒;在宴会进行过程中,看台服务员要随时注意每位客人的酒杯,见到杯中酒水只剩下 1/3 时,应及时添酒。也可将酒分至各分酒器中,客人根据需要自己用分酒器添加酒水。

(7)斟酒时应站在客人的右后侧,进行斟酒时脚呈大“丁”字步姿势,切忌左右同时进行服务。

(8)手握酒瓶的姿势准确。首先要求手握酒瓶中下端,商标朝向客人,便于客人看到商标,同时可向客人说明酒水特点。

(9)斟酒时要经常注意瓶内酒量的多少,以控制酒液流出瓶口的速度。因为瓶内酒量不同,酒的流出速度也不同,瓶内酒越少,流出的速度就越快,倒时容易冲出杯外。所以,要掌握好酒瓶的倾斜度,使酒液徐徐倒出。

四、酒水服务示例

(一)红葡萄酒服务

1. 准备工作

(1)客人确定好酒后,立即去吧台取酒,尽量不超过 5 分钟。

(2)准备好红酒篮,将一块干净的餐巾铺在红酒篮中。

(3)将取回的红葡萄酒放在酒篮中,商标朝上。

2. 展示商标

(1)将一小碟放在主人餐具的右侧。

(2)服务员右手持酒篮,左手轻托住酒篮的底部,倾斜 45° ,商标向上,请主人看清酒的商标,并询问主人是否可以服务。

3. 开启酒瓶

(1)先用洁净的餐巾将酒瓶包上,然后剥除瓶口部位的锡纸并擦拭干净。

(2)用开塞器开启酒瓶。

(3)将开塞器的螺旋锥转入瓶塞,将瓶塞慢慢拔起,再用餐巾将瓶口擦拭干净。

(4)在开瓶过程中,动作要轻,以免摇动酒瓶时将瓶底的酒渣泛起,影响口感。

(5)将瓶塞放入小碟中,请主人过目。

4. 斟倒服务

(1)服务员将打开的红葡萄酒瓶放回酒篮，商标朝上，同时用右手拿起酒篮，站在主人右侧，斟倒酒水至杯的 1/5 处，请主人品评酒质。

(2) 主人认可后，按照“女士优先”的原则，依次为客人斟酒，倒入杯中 1/2 处即可。

(3) 斟完酒后，用服务巾将瓶口擦拭干净，把酒篮放在客人餐具的右侧，注意不能将瓶口对着客人。

(4) 随时为客人添酒。

(5) 当一瓶酒将要斟完时，询问主人是否需要再加一瓶。

(6) 如果主人表示不再加酒，则待客人喝完酒后，立即将空杯撤下。

红葡萄酒斟酒服务如图 8-8 所示。

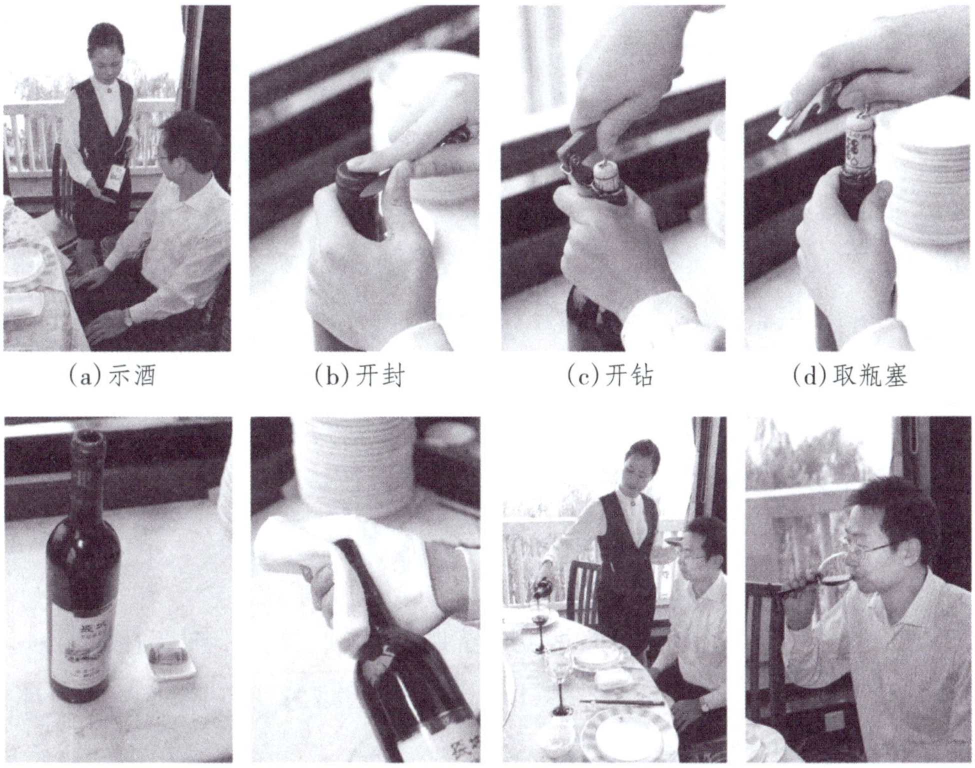

(a) 示酒　(b) 开封　(c) 开钻　(d) 取瓶塞

(e) 验瓶塞　(f) 擦瓶口　(g) 斟酒　(h) 品尝

▲图 8-8　红葡萄酒斟倒服务

(二) 白葡萄酒服务

1. 准备工作

(1) 当客人点要白葡萄酒后，应立即去吧台取酒，时间不超过 5 分钟。

(2) 先在冰桶中放入 1/3 桶的冰块，再放入 1/2 桶的冷水，然后，将冰桶放在冰桶架上，并配一条折叠成 8cm 宽的条状餐巾。

(3) 白葡萄酒取回后，放入冰桶中，商标朝上。

2. 展示商标

(1) 将准备好的白葡萄酒与冰桶架等一起放到客人桌旁不影响正常服务的位置。

(2) 将一个小碟放在主人餐具的右侧。

(3) 用条状餐巾裹住酒瓶，只露出商标。

(4) 将酒送至主人面前，请主人验看商标，并询问主人是否可以进行白葡萄酒服务。

3. 开启酒瓶

(1) 得到主人允许后，将酒瓶放回冰桶中，左手扶住酒瓶，右手用开塞器开启瓶塞。

(2) 将开塞器的螺旋锥转入瓶塞，将瓶塞慢慢拔起，瓶塞出瓶时不应有声音，再用餐巾将瓶口擦拭干净。

(3) 在开瓶过程中，动作要轻，以免酒瓶摇动，将瓶底的酒渣泛起，影响口感。

(4) 将瓶塞放入小碟中。

4. 斟倒服务

(1) 服务员右手持用餐巾包好的酒瓶，商标朝向主人，在主人右侧，斟倒酒至杯的 1/5 处，请主人品评酒质。

(2) 主人认可后，按照“女士优先”的原则，依次为客人斟酒，倒至杯的 3/4 处即可。

(3) 最后给主人斟倒，再把酒放回冰桶，商标朝上。

(4) 随时为客人添酒。

(5) 当一瓶酒将要斟完时，询问主人是否需要再加一瓶。

(6) 若主人表示不再加酒，则待客人喝完酒后，立即将空杯撤下。

（三）香槟酒服务

1. 准备工作

(1) 当客人需要香槟酒时，应立即去吧台取酒，擦拭干净，时间不超过 5 分钟。

(2) 准备冰桶，在冰桶中放入 1/3 桶冰块，再放入 1/2 桶的冷水，将冰桶放在冰桶架上，并配一条折叠成 8cm 宽的条状餐巾。

(3) 香槟酒取回后放入冰桶中，商标朝上。

2. 展示商标

(1) 将准备好的香槟酒与冰桶架等一起放到客人桌旁不影响正常服务的位置。

(2) 将一个小碟放在主人餐具的右侧。

(3) 用餐巾裹住酒瓶只露出商标。

(4) 将酒瓶送至主人面前，请主人验看商标，并询问是否可以开始服务。

3. 开启酒瓶

开瓶时，瓶口不要朝向客人，以防在手不能控制的情况下，软木塞被爆出。

(1)得到主人允许后,将酒瓶放回冰桶中,左手扶住酒瓶,右手用开塞器开启瓶塞。

(2)将瓶口的锡纸剥除。

(3)左手以 45° 倾斜角拿着酒瓶并用大拇指紧压软木塞;右手将瓶颈外面的铁丝圈扭弯,一直到铁丝圈裂开为止,然后将铁丝圈去掉。

(4)用左手紧握软木塞;右手转动瓶身,通过瓶内的气压逐渐将软木塞弹挤出来。

(5)转动瓶身时,动作既要轻又要慢,不可直接转动软木塞,以防将其扭断而难以拔出。

(6)将瓶塞放入小碟中。

4. 斟倒服务

(1)用餐巾将瓶身包住,露出商标。

(2)服务员用右手大拇指扣捏瓶底凹陷部位,其余四指托住瓶身,左手轻扶瓶颈处。

(3)向主人杯中斟倒酒水至杯的 1/5 处,交由主人品评酒质。

(4)主人认可后,按照"女士优先"的原则依次为客人斟酒,倒至杯中 3/4 处即可。

(5)每斟一杯酒最好分两次完成,以免杯中泛起的泡沫溢出;斟完后须将瓶身顺时针轻转一下,防止瓶口酒液滴落在台面上。

(6)最后为主人斟倒,再把酒瓶放回冰桶内。

(7)随时为客人添酒。

(8)当酒瓶中只剩下一杯酒量时,须及时征求主人意见是否需要再加一瓶。

(9)如果主人表示不再加酒,即待客人喝完酒后,立即将空杯撤下。

(四)白酒服务

1. 准备工作

(1)当客人需要中国白酒时,应立即去吧台取酒,时间不超过 5 分钟。

(2)酒水取回后放在工作台上。

(3)准备与客人人数相等的白酒杯。

(4)准备一条洁净的餐巾作为服务巾使用,并折叠成长条状。

2. 展示商标

(1)将折叠成型的餐巾放于左手掌心处,将白酒放在餐巾上。

(2)右手扶住白酒瓶颈部位,商标朝向主人,酒瓶倾斜 45°,请主人验酒。

3. 开启酒瓶

(1)征得主人同意后,在客人面前将白酒打开。

(2)白酒的封瓶方式及其打开方法有两种。

① 如果酒瓶是塑料盖或外部包有一层塑料膜,开瓶时须先点燃火柴将塑料膜烧熔取下,然后旋转开盖即可。

② 如果酒瓶是金属盖,瓶盖下部常有一圈断点,开瓶时用力拧盖,使断点断裂,便可开盖;

如遇有断点太坚固，难以拧裂的，可先用小刀将断点划裂，然后再旋转开盖。

(3)用干净餐巾擦拭瓶口部位，准备斟酒。

4. 斟倒服务

(1)斟酒时，服务员站在客人右后侧，面向客人，身体微前倾，将右脚深入两椅之间。

(2)左手持服务巾，背于身后；右手握住酒瓶的下半部，商标朝向客人，在客人右侧斟倒。从主宾位开始，顺时针依次斟倒。

(3)酒水斟倒至酒杯的八分满。

(4)注意每斟倒完一杯酒，向内旋转 1/4 圈，并用服务巾擦拭瓶口。

(5)客人酒杯中的酒不足八分满时，应及时添加。

(6)当整瓶酒即将倒完时，应及时征询主人是否再加一瓶，如同意，则迅速取酒，继续服务。

知识链接

中国名酒

一、茅台酒

茅台酒(图 8-9)产于贵州省仁怀市茅台镇茅台酒厂，有多种酒度，如 53%Vol. 的飞天茅台、38%Vol. 的五星茅台。茅台酒以当地优质高粱为原料，以小麦制曲，用由山泉汇流的赤水河上游河水，经多道工艺制成。茅台酒酒液清亮透明，入口醇香馥郁，酱香突出，口感细腻，郁而不猛，香气持久，回味绵长。酒香属酱香型。

▲图8-9 茅台酒

茅台酒被誉为“玉液之冠”，已有 800 多年的历史，多次被评为全国名酒。

二、汾酒

汾酒(图 8-10)产于山西省汾阳市杏花村酒厂，酒度为 60%Vol. 左右，属清香型。汾酒以优质高粱为原料，用大麦、豌豆制曲，采用当地古井之水，以地缸发酵配制而成。汾酒酒液清澈透明、清香雅郁、柔绵甘洌、余味净爽、回味悠长，素有色、香、味“三绝”之美称。

▲图8-10 汾酒

杏花村的酿酒业已有 1 500 多年的历史，唐代大诗人杜牧曾在诗中盛赞杏花村美酒，留下了“借问酒家何处有，牧童遥指杏花村”的千古名句。汾酒多次被评为全国名酒。

三、五粮液

五粮液（图 8-11）产于四川省宜宾市五粮液酒厂，酒度为 60%Vol. 左右，属浓香型。五粮液以高粱、大米、糯米、玉米、小麦为原料，用小麦制曲，选用岷江之水，采用陈年老窖发酵，精心酿制。五粮液酒液清澈透明，喷香扑面，留香不绝，回味悠长。1979 年，酒厂推广优选法，把酒度降到 35% ～ 38%Vol.，并保存了此酒“香、醇、甜、净”四美皆备的特点。

▲图8-11　五粮液

宜宾酿酒有 1 000 多年的历史，五粮液酒厂拥有数口 600 余年历史的老窖。五粮液的生产特点可用四句话概括，即“取五粮之精英，获历史之酵母，享独厚之地利，得勾兑之人杰”。五粮液多次被评为全国名酒。

四、剑南春

剑南春产于四川省绵竹酒厂，酒度有 60%Vol. 和 52%Vol. 两种，属浓香型。剑南春以高粱、大米、玉米、小麦、糯米为原料，用小麦制曲，采用精巧配料和一系列新酿制工艺制成。剑南春酒液无色透明，芳香浓郁，醇和回甜，酒洌净爽，余香悠长。

五、古井贡酒

古井贡酒（图 8-12）产于安徽省亳州市古井酒厂，酒度为 60% ～ 62%Vol.，属浓香型。古井贡酒选用优质高粱做原料，以大麦、小麦、豌豆制曲，取古井之水酿制，明清两代均被列为贡品，故得此名。古井贡酒酒液清澈透明、香醇幽兰、甘美醇和，回味悠长。多次被评为全国名酒。

▲图8-12　古井贡酒

六、洋河大曲

洋河大曲（图 8-13）产于江苏省宿迁市洋河酒厂，酒度有 64%Vol.、60%Vol.、55%Vol. 的属浓香型。洋河大曲以优质糯高粱为原料，用大麦、小麦、豌豆制曲，选用千年古井“美人泉”优质软水，用老窖发酵酿制而成。洋河大曲酒液清澈透明，醇香浓郁，柔绵甘洌，质厚味鲜，回香悠长，余味净爽。

洋河大曲已有300多年的历史，曾多次被评为全国名酒。目前，洋河大曲还有18%Vol.、28%Vol.、38%Vol.的“三八”系列低度酒。

▲图8-13 洋河大曲

▲图8-14 董酒

七、董酒

董酒（图8-14）产于贵州省遵义市董酒厂，酒度为58% ~ 60%Vol.，属兼香型。董酒采用优质糯高粱为原料，用小曲和大曲为发酵剂，采用串香和地窖长期发酵（半年以上）酿制而成。董酒酒液晶莹透亮，醇香浓郁，既有大曲酒的浓郁芳香、甘洌爽口，又有小曲酒的柔绵、醇和、回甜的特点。

董酒原名董公寺窖酒，因厂址坐落于北郊的董公寺而得名，至今已有几百年的历史。多次被评为全国名酒，品种居兼香型白酒之首，研制的低度董酒（董醇38%Vol.），一投放市场就受到消费者的喜爱和欢迎。

八、泸州老窖特曲

泸州老窖特曲（图8-15）产于四川省泸州市泸州酒厂，酒度为60%Vol.，属浓香型。泸州老窖特曲以糯高粱为原料，用小麦制曲，采用龙泉井水和沱江水，经陈年老窖发酵制成。泸州老窖特曲酒液无色透明，醇香浓郁，甘洌爽口，回味悠长，被誉为“浓香正宗”“酒中泰斗”。

泸州的老窖代代相传，连续使用，有史可考的已达400多年，多次被评为全国名酒。

▲图8-15 泸州老窖特曲

九、张裕解百纳葡萄酒

张裕解百纳葡萄酒产于张弼士在山东烟台创立的张裕葡萄酿酒公司，是中国非常有历史的葡萄酒。

秉承张弼士“中西融合”的酿酒理念，张裕在1931年培育出一个优良葡萄品种即蛇龙珠，并以蛇龙珠为主要酿酒原料，酿造出一种全新口味的红葡萄酒，取“海纳百川”的精义，将这种葡萄酒命名为“解百纳”干红。1937年，张裕获得当时“中华民国实业部商标局”商标注册申请的批准，正式注册了“解百纳”商标，取得了注册证书，自此张裕·解百纳品牌正式诞生。80多年来，张裕公司始终将“解百纳”作为一个品牌和一个注册商标在使用。

张裕解百纳香气浓郁，具有典型的胡椒、黑醋栗果实香气，特别有一种“雨后割过的清新青草味”的香味。入口品饮，酸涩的感觉之后，口齿之间有一种香气充盈的愉悦。

十、长城葡萄酒

长城葡萄酒（图8-16）是中粮酒业有限公司出品，中国最早按照国际标准酿造的葡萄酒。中粮酒业致力于推动中国葡萄酒行业的生产技术与产品标准的国际化，旗下著名产品包括长城桑干酒庄系列、华夏葡园小产区系列等，远销世界20多个国家和地区。以其特有的“东方味道”而著称。

▲图8-16　长城葡萄酒

1990年长城干红葡萄酒在法国巴黎举行的“第十四届国际食品博览会”上荣获金奖。2004年比利时布鲁塞尔国际葡萄酒及烈酒评酒会上，1999年份干红、华夏庄园干红葡萄酒荣获评酒会金奖。2005年伦敦国际评酒会，沙城产区长城庄园赤霞珠干红1997、烟台产区高级解百纳1998干红荣获金奖等。

活动体验

1. 以小组为单位，每组分客人若干名和餐厅服务员1名，模拟斟倒白酒、红葡萄酒服务。
2. 练习徒手斟倒红葡萄酒（五分满）、白酒（八分满）。
3. 练习托盘交替斟倒红葡萄酒和白酒各5杯。

技能实训

实训内容	徒手斟酒		
实训目的	掌握徒手斟酒的技巧		
实训准备	葡萄酒瓶、白酒瓶、葡萄酒杯、白酒杯		
实训方法	1．学生观看徒手斟酒微课； 2．教师示范讲授要点； 3．学生分组练习		
实训考核（3分钟）			
项目	考核标准	分值	得分
站位	站立于客人的右侧，与客人保持适当的距离	20	
顺序	从主宾开始，按顺时针方向斟倒	20	
斟倒	右手握住瓶的下半部，商标朝外，手臂自然伸直，瓶口与杯口保持1~2cm距离，使酒液匀速流入杯中	20	
旋口	杯中酒量接近七成满时，放慢斟倒速度；瓶身内旋，抬起收口，防止酒液滴落	20	
酒量	连续斟倒5杯，酒量均匀	20	
合计		100	

任务二 茶水服务

情境导入

王老先生过七十大寿，在蓬莱阁中餐厅摆了三桌寿宴，亲朋好友前来祝寿，客人陆续落座。小乐为客人上欢迎茶，今天的茶是餐厅新推出的养生茶，正好体现健康饮食的概念。王老先生抿了一口醇香的茶水，笑着赞道："好茶好茶！"询问小乐如何冲泡，小乐热情地给王老先生介绍了茶水的冲泡方法。

任务学习

茶叶，是以茶树叶嫩梢（称鲜叶）为原料加工制成的产品。中国是茶树的原产地，又是最早发现茶叶功效、栽培茶树和制成茶叶的国家。茶叶自古以来就是我国的三大特产之一，也是世界三大饮料之一。唐代茶圣陆羽的《茶经》,是世界上第一部茶叶专著。

一、茶的分类

茶叶有不同的分类方法,按发酵程度可分为全发酵茶、半发酵茶和不发酵茶三类。按制作季节,可分为春茶、夏茶和秋茶。按商业习惯,茶叶可分为两大类:基本茶类和再加工茶类。

(一) 基本茶类

(1) 绿茶。国家标准对绿茶规定:"用茶树新梢的芽、叶、嫩茎,经过杀青、揉捻、干燥等工艺制成的初制茶(或称毛茶)和经过整形、归类等工艺制成的精制茶(或称成品茶)保持绿叶绿汤特征,可供饮用的茶则均称为绿茶,属于不发酵茶类(发酵度为0)。"

绿茶是我国分布最广、品种最多、消费量最大的茶类。绿茶可细分为炒青绿茶、烘青绿茶、晒青绿茶、蒸青绿茶四类。

(2) 红茶。通过萎凋、揉捻、充分发酵、干燥等基本工艺程序生产的茶叶称为红茶。红茶属于全发酵茶类(发酵度为100%),其品质特点是"外形红、汤水红、叶底红"。干茶色泽黑褐油润,略带乌黑,所以英语称红茶为"black tea"。红茶收敛性强,性情温和,具有很好的兼容性,能和牛奶、果汁、糖、柠檬、蜂蜜等物质相互交融,相得益彰,深受欧美人士的喜爱。

红茶是世界上消费量最大的茶类。红茶按照生产工艺可以分为小种红茶、工夫红茶和红碎茶3类。

(3) 乌龙茶。乌龙茶又名青茶,属于半发酵茶(发酵度为10% ~ 70%),是介于不发酵的绿茶和全发酵的红茶之间的一大茶类,主要产区为福建、广东、台湾三省。

乌龙茶既有绿茶的清香,又有红茶的浓醇,并有绿叶红镶边的美称。根据产地不同可将乌龙茶分为闽北乌龙、闽南乌龙、广东乌龙、台湾乌龙四类。

(4) 黄茶。黄茶属于轻微发酵茶(发酵度为10%),黄茶的制作与绿茶有很多相似之处,不同点是多了一道闷堆工序。这个闷堆过程是黄茶制作的主要特点,也是它和绿茶的根本区别。成品黄茶多数芽叶细嫩,色泽金黄,汤色橙黄,香气清高,叶底嫩黄,具有"黄叶、黄汤"的特点。

黄茶按照茶叶的嫩度和芽叶的大小可以分为黄芽茶、黄小茶和黄大茶三类。

(5) 白茶。白茶属于轻微发酵茶(发酵度为10%),是我国茶类中的精品,是我国的特产,主产于福建省的福鼎、政和、建阳等地。

白茶分为白芽茶和白叶茶两类。采用单芽加工而成的芽茶称为银针;采用完整的一芽一叶加工而成的叶茶称为白牡丹。

(6) 黑茶。黑茶属于后发酵茶类,是通过杀青、揉捻、渥堆发酵、干燥等工艺程序生产的茶,因其渥堆发酵时间较长,成品色泽呈油黑色或黑褐色,故名黑茶。

黑茶按照产地的不同,可分为湖南黑茶、湖北老青茶、四川边茶、广西黑茶四类。

（二）再加工茶类

以基本茶类为原料经过进一步的加工，在加工过程中茶叶的某些品质特征（形态、饮用方式、饮用功效等）发生了根本性变化的茶叶统称为再加工茶类。

1. 花茶

据生产工艺的不同，花茶可以分为窨制花茶、工艺造型花茶和花草茶。

（1）窨制花茶。窨制花茶是中国最传统的花茶，又名香片，是将茶叶和香花拼合窨制，利用茶叶的吸附性，使茶叶吸收花香而成。

（2）工艺造型花茶。工艺花茶是近年新发展起来的一类花茶，集观赏、饮用、保健为一体，不但外形美观，而且冲泡后，茶叶吸水膨胀，如同鲜花怒放，绚丽多彩，令人赏心悦目，深受中外茶人的喜爱。

（3）花草茶。花草茶主要是用植物的根、茎、叶、花、皮等部位单独或综合干燥后，加以煎煮或冲泡的饮料。一经冲泡，杯中的茶叶与花草相互辉映，闻起来香气怡人、沁人心脾，味道甘爽清醇、回味无穷，不但极具观赏性，而且具有一定的营养保健功能。花草茶的茶叶一般选用红茶、绿茶或普洱茶。

2. 紧压茶

紧压茶是以红茶、绿茶、青茶、黑茶为原料，经加工、蒸压成型而成。中国目前生产的紧压茶主要有沱茶、普洱方茶、竹筒茶、米砖、花砖、黑砖、茯砖、青砖、康砖、金尖砖、方包砖、六堡茶、湘尖、紧茶、圆茶和饼茶等。

3. 萃取茶

萃取茶是以成品茶或半成品茶为原料，用热水萃取茶叶中的可溶物，再过滤去除茶渣来制作。获得的茶汁可以按需要制成固态或液态的。萃取茶主要有罐装茶饮料、浓缩茶和速溶茶等。

4. 药用保健茶

药用保健茶指将茶叶和某些中草药拼合调配后制成的各种保健茶饮。茶叶本来就具有营养保健的作用，再经过与一些中草药的调配，更是增强了它的某些防病、治病的功效。

二、茶的名品介绍

1. 西湖龙井

龙井，本是一个地名，也是一个泉名，而现在主要是茶名。西湖龙井（图 8-17）产于浙江杭州的龙井村，历史上曾分为“狮、龙、云、虎”四个品类，其中多认为以产于狮峰的龙井品质为最佳。

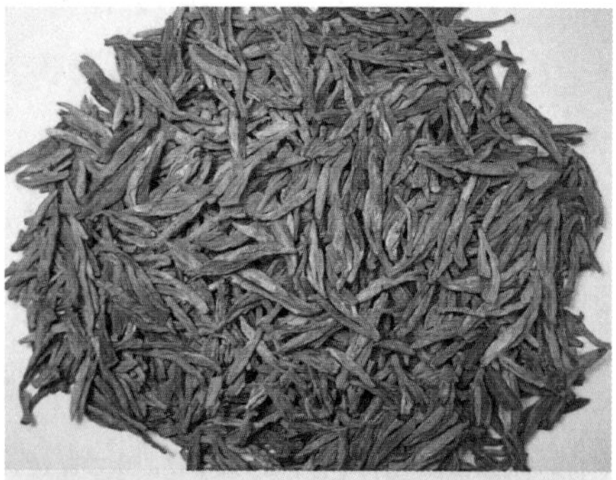

▲图8-17 西湖龙井

龙井属炒青绿茶，向以“色绿、香郁、味醇、形美”四绝著称于世。好茶还需好水泡。“龙井茶、虎跑水”被并称为“杭州双绝”。虎跑水中有机的氮化物含量较多，而可溶性矿物质较少，因而更利于龙井茶香气、滋味的发挥。

冲泡龙井茶可选用玻璃杯，因其透明，茶叶在杯中逐渐伸展，一旗一枪，上下沉浮，汤明色绿，历历在目，仔细观赏，真可说是一种艺术享受。

2. 洞庭碧螺春

洞庭碧螺春（图 8–18）是我国名茶的珍品，以形美、色艳、香浓、味醇“四绝”闻名于中外。碧螺春始于何时，名称由来，说法颇多。据《随见录》载：“洞庭山有茶，微似岕而细，味甚甘香，俗称‘吓煞人’，产碧螺峰者尤佳，名‘碧螺春’。”若以此为实，则碧螺春茶应始于明朝，在乾隆下江南之前就已名声显赫了。也有人认为：碧螺春是因形状卷曲如螺，色泽碧绿，采于早春而得名。不管碧螺春的名称由来如何，该茶历史悠久，早为贡茶是毫无疑义的了。

3. 黄山毛峰

黄山毛峰（图 8–19）产于安徽黄山，主要分布在桃花峰的云谷寺、松谷庵、吊桥庵、慈光阁及半寺周围。这里山高林密，日照短，云雾多，自然条件十分优越，茶树得云雾之滋润，无寒暑之侵袭，蕴成良好的品质。黄山毛峰采制十分精细。制成的毛峰茶外形细扁微曲，状如雀舌，香如白兰，味醇回甘。黄山名茶众多，除毛峰外，还有休宁的“屯绿”、太平的“猴魁”、歙县的“老竹大方”等，都各具特色，脍炙人口。

▲图 8–18 洞庭碧螺春

▲图 8–19 黄山毛峰

4. 庐山云雾

庐山云雾（图 8–20）产于江西庐山。号称“匡庐秀甲天下”的庐山，北临长江，南傍鄱阳湖，气候温和，山水秀美，十分适宜茶树生长。庐山云雾芽肥毫显，条索秀丽，香浓味甘，汤色清澈，是绿茶中的精品。

5. 六安瓜片

六安瓜片（图 8–21）产于皖西大别山茶区，其中以六安、金寨、霍山三地所产最佳。六安瓜片每年春季采摘，成茶呈瓜子形，因而得名。色翠绿，香清高，味甘鲜，耐冲泡。此茶不仅可消暑解渴生津，而且还有较强的助消化作用和治病功效，明代闻龙在《茶笺》中称，六安茶入药最有功效，因而被视为珍品。

▲图 8-20　庐山云雾

▲图 8-21　六安瓜片

6. 君山银针

君山银针（图 8-22）产于岳阳洞庭湖的青螺岛，有“洞庭帝子春长恨，二千年来草更长”的描写，是具有千余年历史的传统名茶。君山银针全由没有开叶的肥嫩芽尖制成，满布毫毛，色泽鲜亮，香气高爽，汤色橙黄，滋味甘醇，虽经久置，其味不变，冲时尖尖向水面悬空竖立，继而徐徐下沉，头三次都如此。竖立时，如鲜笋出土；沉落时，像雪花下坠。具有很高的欣赏价值。采用特殊烘干处理工艺，能使芽叶内所含有效化学物质，随着叶中水分的缓慢散失，发生良好的变化，茶叶色香味形更臻完善。经考证，《红楼梦》曾谈到妙玉用隔年的梅花积雪冲泡的“老君眉”即是君山银针。

7. 信阳毛尖

信阳毛尖（图 8-23）产于河南信阳大别山，是我国著名的绿茶，以原料细嫩、制工精巧、形美、香高、味长而闻名。外形细直圆光而多毫；内质香气清高，汤色明净，滋味醇厚，叶底嫩绿；饮后回甘生津。冲泡四五次，尚保持有长久的熟栗子香。信阳地区优越的气候与土壤条件是绿茶生产的理想环境，千百年一脉相承的手工制茶工艺，使信阳毛尖无与伦比。茶圣陆羽在其《茶经》中把光州茶（信阳毛尖）列为茶中上品，宋代大文豪苏东坡又有“淮南茶信阳第一”的千古定论。

▲图 8-22　君山银针

▲图 8-23　信阳毛尖

8. 武夷岩茶

武夷岩茶（图 8–24）产于福建武夷山市武夷山。武夷岩茶属半发酵茶，制作方法介于绿茶与红茶之间，其主要品种有“大红袍”“白鸡冠”“水仙”“乌龙”“肉桂”等。武夷岩茶品质独特，它的茶汤有浓郁的鲜花香，饮时甘馨可口，回味无穷。18 世纪传入欧洲后，备受当地群众的喜爱，曾有“百病之药”美誉。

9. 安溪铁观音

安溪铁观音(图 8–25）产于闽南安溪。铁观音的制作工艺十分复杂，制成的茶叶条索紧结，色泽乌润砂绿。好的铁观音，在制作过程中因茶叶中的咖啡碱随水分蒸发析出，还会凝成一层白霜；冲泡后，有天然的兰花香，滋味纯浓。用小巧的工夫茶具品饮，先闻香，后尝味，顿觉满口生香，回味无穷。

▲图 8–24　武夷岩茶

▲图 8–25　安溪铁观音

10. 祁门红茶

祁门红茶（图 8–26）简称祁红，素以香高形秀享誉国际，产于中国安徽省西南部黄山支脉的祁门县一带。当地的茶树品种高产质优，植于肥沃的红黄土壤上，而且因为气候温和、雨水充足、日照适度，所以生叶柔嫩且内含水溶性物质丰富，以 8 月份所采收的品质最佳。祁门红茶创制于 1875 年，以工夫红茶为主，无论采摘或制作均十分严格，故而形质兼美。祁红外形条索、紧细匀整、锋苗秀丽、色泽乌润；内质清芳并带有蜜糖香味，上品茶蕴含着兰花香，馥郁持久；汤色红艳明亮，滋味甘鲜醇厚，叶底红亮。清饮最能品味祁红的隽永香气，即使添加鲜奶亦不失其香醇。春天饮红茶以它最宜，作为下午茶、睡前茶也很合适。

▲图8–26　祁门红茶

三、茶的冲泡服务

(一) 品茶用具

“茶具”一词最初在汉代出现。西汉辞赋家王褒《憧约》有“烹茶尽具,餔已盖藏”之说,这是我国最早提到“茶具”的史料。

1. 瓷质茶具

瓷质茶具按所用釉料的不同可分为青瓷茶具、白瓷茶具、黑瓷茶具和彩瓷茶具。江西景德镇所产的薄胎瓷器素有“白如玉、明如镜、薄如纸、声如磬”的美誉。

2. 陶土茶具

陶土茶具中的佼佼者首推宜兴紫砂茶具,成陶火温较高,烧结密致,胎质细腻,既不渗漏,又有肉眼看不见的气孔,长久使用,还能吸附茶汁,蕴蓄茶味;且传热不快,不致烫手;若热天盛茶,不易酸馊;即使冷热剧变,也不会破裂。

3. 玻璃茶具

玻璃质地透明,光泽夺目,外形可塑性大,形态各异,用途广泛。用玻璃杯泡茶,茶汤的鲜艳色泽、茶叶的细嫩柔软、茶叶在整个冲泡过程中的上下穿动、叶片的逐渐舒展等,可以一览无余,是一种动态的艺术欣赏。

4. 竹木茶具

竹木茶具因其取材容易、做工简易、轻便实用,制品多受寻常百姓喜爱。

(二) 品茶用水

水为茶之“体”,茶的色、香、味必须靠水才能显现。“龙井茶、虎跑水”“扬子江心水、蒙山顶上茶”是茶与水的最佳组合。

一般泡茶用水都使用天然水。天然水可分为硬水(泉水、江河之水、溪水、自来水和一些地下水)和软水(雨水、雪水)两种。凡含有较多钙、镁离子的水称为硬水,硬度单位是度,1 度相当于每升水中含 10mg 的氧化钙,硬度在 8 以上通常称为硬水。不含或含少量钙、镁离子的水称为软水。如果水的硬度是由碳酸氢钙或碳酸氢镁引起的,这种水称暂时性硬水;如果水的硬度是由含钙和镁的硫酸盐或氯化物引起的,这种水叫永久性硬水。暂时性硬水通过煮沸,碳酸氢盐分解,生成不溶性的碳酸盐而沉淀,这样硬水就变成软水了。

水的硬度与茶汤品质有密切关系。首先,水的硬度影响水的 pH,而 pH 又影响茶汤色泽。当 pH 大于 5 时,汤色加深;当 pH 达到 7 时,茶黄素就会自动氧化而损失。其次,水的硬度还影响茶叶有效成分的溶解度。软水中含其他溶质少,茶叶有效成分的溶解度高,故茶味浓;而硬水中含有较多的钙镁离子和矿物质,茶叶有效成分的溶解度低,故茶味淡。如水中铁离子含量高,茶汤就会变成黑褐色,甚至浮起一层“锈油”,这是茶叶中多酚类物质与铁作用的结果。所以泡茶用水要选择软水或暂时性硬水。

（三）茶叶的冲泡技巧

1. 绿茶的冲泡技巧

绿茶为不发酵茶，在冲泡时程序非常简单。第一步需要烫杯，有利于茶叶色、香、味的发挥。绿茶在色、香、味上，讲求嫩绿明亮、清香、醇爽。在六大茶类中，绿茶的冲泡看似简单，其实极考验功夫。因绿茶不发酵，保持了茶叶本身的鲜嫩，冲泡时若略有偏差，易使茶叶泡老闷熟、茶汤黯淡、香气钝浊。此外，又因绿茶品种最丰富，每种茶由于形状、紧结程度和鲜叶老嫩程度不同，冲泡的水温、时间和方法都有差异。

绿茶具有绿叶清汤的品质特征。嫩度好的新茶色泽绿润、芽峰显露、汤色明亮。其代表品种有“龙井”“碧螺春”等。

(1) 茶叶用量。茶叶用量并没有统一标准，视茶具大小、茶叶种类和各人喜好而定。一般来说，冲泡绿茶，茶与水的比例是 1∶50 ~ 1∶60。严格的茶叶评审时，绿茶是用 150mL 的水冲泡 3g 茶叶。

(2) 冲泡水温。古人对泡茶水温十分讲究，烧水要大火急沸，刚煮沸起泡为宜，水老水嫩都是大忌。水温通过对茶叶成分溶解的作用来影响茶汤滋味和茶香。

绿茶用水温度应视茶叶质量而定。高品质绿茶，特别是各种芽叶细嫩的名品绿茶，以 80℃左右水温为宜。茶叶越嫩绿，水温越低。水温过高，易烫熟茶叶，茶汤变黄，滋味较苦；水温过低，则香味较淡。至于中低档绿茶，则要用 100℃的沸水冲泡。如水温低，则渗透性差，茶味淡薄。此外需说明的是，高品质绿茶用 80℃的水温，通常指将水烧开后再冷却至该温度；若是处理过的无菌水，只需烧到所需温度即可。

(3) 冲泡时间及次数。绿茶的冲泡时间不宜过长，茶汤颜色为嫩绿色，如时间过长，则会变成老黄色，滋味也会大打折扣。此外，冲泡时间及冲泡次数可根据地域不同、客人要求进行调整。

2. 红茶的冲泡技巧

相对于绿茶（不发酵茶）的清汤绿叶，红茶（全发酵茶）的特点是红汤红叶，这是经过发酵形成的品质特征。干茶色泽乌润，滋味醇和甘浓，汤红亮鲜明。红茶有工夫红茶、红碎茶和小种红茶，品牌以“祁红”“宁红”和“滇红”最有代表性。

鉴别红茶优劣的两个重要感官指标是“金钢圈”和“冷后浑”。茶汤贴茶碗一圈金黄发光，称“金钢圈”。“金钢圈”越厚，颜色越金黄，红茶的品质就越好。所谓“冷后浑”，指红茶经热水冲泡后茶汤清澈，待冷却后出现浑浊的现象。“冷后浑”是茶汤内物质丰富的标志。红茶既适于杯饮，也适于壶饮。红茶品饮有清饮和调饮之分。

(1) 茶叶的用量。冲泡浓茶，每人 2 ~ 3g 的茶叶量，但是要想泡出好的红茶，建议最好以 2 杯的红茶用量（约 5g）来冲泡成 1 杯，这样较能充分发挥红茶香醇的原味，也能享受续杯乐趣。

(2) 冲泡水温。红茶属于暖性茶，适合多类人群饮用，在冲泡时水温要高，茶叶也比绿茶放得多，有的红茶还需要煮，其喝法各地不一。但水温要求都为沸水。

(3) 冲泡时间及次数。红茶的冲泡时间是 2 ~ 3.5 分钟。如需要调饮，可以依个人口味加入适量的糖或牛奶；若是选择清饮，则注重的完全就是红茶的本色与原味。

祁门红茶冲泡

3. 乌龙茶（青茶）的冲泡技巧

乌龙茶做工精细，综合了红茶、绿茶初制的工艺特点，使之兼具红茶之甜、绿茶之清香。其味甘浓气郁，无绿茶之苦、红茶之涩，性和而不寒，久藏而不坏，香久愈精，味久益醇。加之“绿叶红镶边”的色泽，壮结匀整之外形，高级乌龙更有特殊“韵味”（如武夷岩具有岩骨花香之岩韵、铁观音之观音韵），使得乌龙茶特别引人注目，奇妙无比。乌龙茶的品饮特点是重品香，先闻其香后尝其味，十分讲究冲泡方法。以“观音”“大红泡”“冻顶乌龙”等最具代表性。

铁观音冲泡

(1)茶叶的用量。根据喝茶人数选定壶型，根据茶壶的容量确定茶叶的投放量。若茶叶是紧结半球形乌龙，茶叶需占到茶壶容积的 1/3 ~ 1/4；若茶叶较松散，则需占到壶的一半。

大红袍冲泡

(2) 冲泡水温。要求水沸立即冲泡，水温为 100℃。水温高，则茶汁浸出率高、茶味浓、香气高，更能品饮出乌龙茶特有的韵味。

(3) 冲泡时间及次数。乌龙茶多采用成熟叶片加工而成，较耐泡，一般泡饮 5 ~ 7 次仍然余香犹存。泡的时间要由短到长，第一次冲泡时间短些，约 2 分钟，随冲泡次数增加，泡的时间相对延长。使每次茶汤浓度基本一致，便于品饮欣赏。

4. 白茶的冲泡技巧

白茶的制法特殊，采摘白毫密披的茶芽，不炒不揉，只分萎凋和烘焙两道工序，使茶芽自然、缓慢地变化，形成白茶的独特品质风格，因而白茶的冲泡是富含观赏性的过程。白茶由芽叶上面白色茸毛较多的茶叶制成，满身白毫，形态自然，汤色黄亮明净，滋味鲜醇。代表品种有“白毫银针”“寿眉”“白牡丹”等。

以冲泡白毫银针为例。为便于观赏，茶具通常以无色无花的直筒形透明玻璃杯为宜，这样可使品茶人从各个角度欣赏到杯中茶的形和色，以及它们的变幻和姿态。先赏茶，欣赏干茶的形与色。白毫银针外形似银针落盘，如松针铺地。将 2~3g 茶置于玻璃杯中，冲入 70℃的开水少许，浸润 10 秒左右，随即用高冲法，同一方向冲入开水。静置 3 分钟后，即可饮用。白茶因未经揉捻，茶汁很难浸出，汤色和滋味均较清淡。

白牡丹冲泡

四、餐厅茶水斟倒服务

（一）询问茶水

（1）可在接挂衣帽操作中或递送香巾时，趁机询问客人所点茶水名称。征询茶水时，应注意根据季节、时令、就餐性质，向客人提供茶水。

（2）站在客人和主宾之间，主动介绍茶水的品种，若客人犹豫不决时，这时可以根据客人的情况推荐不同的茶水，如夏季喝什么茶、冬季喝什么茶、晚上不宜喝什么茶，以及女士适合什么茶、老人适合什么茶等。

（3）询问茶水时，不要“报茶类”如花茶、绿茶、红茶，而要说具体茶名，如铁观音、碧螺春等，按中、高、低档推荐。

（4）若客人点菊花茶，要及时询问是否加冰糖。

（二）斟倒茶水

（1）茶水必须在客人坐好 3 分钟之内泡好，水温要高，切忌用温水、冷水。浸泡 1 分钟后才可以斟倒。

（2）若客人不是很多或未到齐时，应倒半壶茶水，以保持茶的颜色和味道及温度。

（3）茶壶先放到叠好盘花的接碟上，加茶时右手拿茶壶把，把茶壶平移到茶杯上方，倒七分满，原路返回，并运用服务语言，在斟倒第一杯茶时报茶名。

（4）若客人交谈或不便从右侧斟茶时，可将杯子拿到托盘内，在左边进行，并礼貌提醒客人。茶壶距离杯口 2 ~ 3 cm，不要抬得过高，避免溅到客人身上。

（5）斟倒完毕后，应将茶壶收回，并注意斟倒姿势，声音要小，操作要轻。

（6）倒一杯茶水的时间约为 5 秒。

（7）泡茶期间，打开口布、撤筷套时，一定要让客人知道。

（8）如果客人过于口渴，可为其更换大杯。

（三）细节要求

（1）注意礼貌用语，斟七分满，切忌茶水不要滴洒到骨碟里。

（2）孕妇不宜喝茶，可提醒客人并为其提供白开水。白开水中应加入一片柠檬，让水具有柠檬的香气。

（3）在斟茶时，若客人不习惯，可为其专门提供白开水或饮料。

（4）若常客未点其喜欢的茶，可征询后单独为其泡一杯。

（5）茶水太淡时，可主动询问客人是否换茶。

（6）餐中，客人茶内不小心掉入菜渣或其他杂物时，为其换茶。

（7）若发现客人向茶内吐酒，要及时为客人更换，并及时准备一杯白开水或矿泉水。

知识链接

泡茶误区

茶叶是有益于身体健康的上乘饮料，是世界三大饮料之一，因此，茶叶有“康乐饮料”之王的美称。但是饮茶还需要讲究科学，以达到提精神、益思维，解口渴、去烦恼，消除疲劳、益寿保健的目的。但有些人饮茶习惯不科学，常见的有以下四种。

一、用保温杯泡茶

泡茶宜用陶瓷壶、杯，不宜用保温杯。因用保温杯泡茶，茶水较长时间保持高温，茶叶中一部分芳香油溢出，使香味减少，浸出的单宁和茶碱过多，有苦涩味，同时也损失了部分营养成分。

二、用沸水泡绿茶

用沸腾的开水冲泡绿茶会破坏很多营养物质。例如维生素 C、维生素 P 等，在水温超过 80℃时就会被破坏，还易浸出过多的单宁等物质，使绿茶带有苦涩味。因此，泡茶的水温一般应掌握在 70 ~ 80℃。

三、泡茶时间过长

茶叶浸泡 4 ~ 6 分钟后饮用最佳。因此时已有 80％的咖啡因和 60％的其他可溶性物质浸泡出来。时间太长，茶水就会有苦涩味。放在暖水瓶内或在炉灶上长时间煮的茶水，易发生化学变化，不宜再饮用。

四、习惯泡浓茶

泡一杯浓度适中的茶水，一般需要 10g 左右的茶叶。有的人喜欢泡浓茶。茶水太浓，容易浸出过多的咖啡因和单宁，对胃肠刺激性较大。

活动体验

1. 练习绿茶冲泡技巧。
2. 练习红茶冲泡技巧。

技能实训

实训内容	斟倒绿茶		
实训目的	掌握绿茶冲泡技艺		
实训准备	茶叶、泡茶用具		
实训方法	1．学生观看绿茶冲泡微课； 2．教师示范讲授要点； 3．学生分组练习		
实训考核（3分钟）			
项目	考核标准	分值	得分
备具	根据品饮人数准备好泡茶用具	10	
赏茶	赏干茶成色、嫩匀度、闻香度	10	
温杯	用开水将茶杯烫洗一遍	10	
置茶	将茶叶拨入杯中	10	
浸润	提壶将水沿杯壁冲入杯中，水量为杯容量的1/3。使茶叶吸水舒张，便于茶汁析出	10	
摇香	回转三圈，客人闻香	10	
冲泡	经过3次“高冲”，使杯内茶叶上下翻动，杯中上下茶汤浓度均匀。冲泡过程要求水壶高悬，使水流有冲击力，有曲线美感	10	
奉茶	冲泡后尽快将茶递给客人，在第二、三泡时，将茶汤倒入公道杯中，再将茶汤低斟入品茶杯中	10	
品饮	先闻其香，然后观其色，再品其味	10	
收具	收回冲泡完的茶具	10	
合　计		100	

项目九

菜肴服务

菜肴服务是餐厅服务的重要工作，上菜和分菜是基本技能。在中餐服务中，美味可口的佳肴，服务人员优雅、高超、规范、娴熟的技能，不仅体现了餐厅服务的水平，还给客人赏心悦目的艺术享受，使席间就餐充满喜悦气氛。

项目目标

- 掌握上菜服务的要领和方法。
- 掌握常见分菜的方法和技能。

任务一 上菜服务

中餐上菜服务应遵循一定的服务规范，桌上的菜品应按一定的格局摆好，讲究造型艺术，尊重客人，注意礼貌，方便客人食用。

情境导入

周末的晚餐时间是饭店最忙碌的时候，小乐被安排负责包厢的值台服务工作。客人纷纷入座、点菜。小乐把客人点的冷菜从靠近服务桌的餐位送上，一位客人对小乐说："麻烦你换一个位置上菜，挡住我的视线了。"小乐礼貌地对客人说："不好意思，我马上挪一个位置。"小乐观察了整个席位，细心地选择了一个不会打扰客人的位置上菜，并通过自己的热情服务，让客人满意地用完晚餐。

任务学习

一、菜肴摆放的规范性

1. "看面"正对主位

一般菜肴，其刀工精细、色泽好看的部分为看面。服务员上菜时，主菜肴的看面应正对主人位，其他菜肴的看面要朝向四周。整形有头的菜，如冷拼中的孔雀开屏、喜鹊登梅，其头部为看面；而头部被隐藏的菜肴，如烤鸭、八宝鸡，其饱满的身子为看面；盅类菜其花纹刻得最精致的部分为看面。

2. 讲究色彩造型

菜肴摆放时要讲究造型艺术,应根据菜品原材料的颜色、形状、口味、荤素、盛器、造型对称摆放。原则是讲究造型、颜色搭配。

3. 避免发生差错

一个区域中有几桌客人,上菜时必须核实菜单,以免发生差错。一旦发生差错不仅会给餐厅带来损失,还会影响点菜客人的上菜速度。

4. "长盘"横向客人

客人所点菜中,如有的热菜使用的是长盘,应注意其盘子要横向朝着客人。

5. 注意鸡头、鸭掌、鱼脊摆放朝向

在上热菜中的整鸡、整鸭、整鱼时,中国传统的习惯是"鸡不献头,鸭不献掌,鱼不献脊";上鸡、鸭、鱼菜时,头不可朝向主人,而应该朝向主宾;鱼腹可朝向主人,鱼眼朝向主人,鱼尾应朝向第二主人与第三或第四位客人。

6. 观赏菜肴造型

服务员将菜肴摆在转台边缘,然后把转台按顺时针方向旋转一圈,让每位客人观赏菜的造型,最后在主宾面前停下,再后退一步报菜名,让主宾先尝。若没有转台,则应把菜肴放在餐桌中心稍靠主人位的一侧,把菜肴的观赏面正对主人席位。如是高档菜,则应先摆在主宾位置上,以示尊重,也便于主人为客人分让。每上一道新菜时,都需将前一道菜移至旁边,将新菜放在主宾面前。

7. 注意安全整洁

餐厅服务员在席间服务中,要保证操作安全。在上各种菜肴时,应做到端平走稳,轻拿、轻放。上菜忌"推"和"墩",并应注意盘底、盘边要干净。上带汤汁的菜肴应双手送至餐桌,以免汤汁洒在客人身上。

二、上菜服务技巧

(一)上菜位置

(1)中餐零点餐厅服务较灵活,服务员应注意观察。上菜的位置以不打扰客人为原则。

(2)严禁从主人和主宾之间上菜。

(二)上菜时机

(1)宴会开始前15分钟左右上冷菜。

(2)冷菜吃到剩余1/2或1/3时上热菜。

(3)多台宴会上菜,要看主台或听指挥,做到行动统一,以免造成早上、迟上或多上、少上现象。

(4)上菜要求有节奏,一道一道依次上桌。不可上菜过勤,也不可出现空盘、空台现象。

(5)上菜时机要根据客人的需求灵活掌握。小桌客人点的菜肴道数少，一般在20分钟左右上完；大桌的客人菜肴道数多，一般在30分钟左右上完。

(三) 上菜顺序

中餐宴会上菜的基本规则是先冷后热，先炒后烧、先菜后点、先咸后甜、先荤后素、先干后汤；先清淡后肥厚、先优质后一般以及遵循一般的风俗习惯。如客人对上菜有特殊要求，应灵活掌握。

(1)上菜顺序原则上根据地方习惯确定。

(2)一般是先上冷菜以便下酒，然后视冷菜食用情况，适时上热菜，最后上汤菜、点心和水果。

(3)热菜先上海鲜、名贵菜肴，再上肉类、禽类、整形鱼、蔬菜等。

(4)有的地区是先上冷菜再喝汤，其后再上其他热菜，最后是点心和水果。

(四) 上菜动作

1. 准备工作

服务员上菜前，要先看一下菜单，记下菜点的名称和用餐特点，以便回答客人可能提出的疑问，撤下前一道菜的餐盘，并根据将要上的菜点的品种，换上适当餐具。

2. 动作要求

服务员将菜肴放在托盘内端至桌前，左手托托盘，右腿在前，左腿在后，插站在两位客人的坐椅间，侧身用右手上菜，把菜品送到转台上；报清菜品名称，然后按顺时针方向旋转转台，等客人观赏完菜品后，转至主宾面前，让其品尝。

3. 上大盘菜

上大盘菜通常需要先移盘，即在上菜前，先将上一道菜移至副主人的一边，席间桌上有三道菜在桌面略偏主人一侧，留出足以放下菜盘的位置。当菜点送到工作台后，先用右手拿上两套大菜叉勺，然后用左手端起菜盘，从陪同人员或翻译人员之间的位置，将右腿伸入两把椅子之间的空当，上身略向前倾，捧出菜盘，稳妥地放到桌面。然后把两套叉勺分别反扣搭在位于正副主人右手一侧的大菜盘的边上。

4. 上火候菜

在上火候要求比较高的菜时，服务员一定要动作迅速，以免耽误时间，使菜肴失去火候菜的特色，还应及时向客人介绍，请其及时品尝，以不失菜肴的焦、酥、脆、嫩的风味特色。

5. 上汤类菜

上汤类菜时，不要用抹布垫托，要用垫盘；端汤菜时，手指不能浸入汤内；汤中若有油末或葱花时，应用羹匙撇出，切勿用嘴吹。

6. 上骨、壳类菜

带骨、带壳的菜肴服务流程一般为：

(1) 上刀叉或相应食用工具。

(2) 上带骨、带壳菜肴。

(3) 上用茶汤配置的洗手盅，经常放一两片玫瑰花瓣。

(4) 上小毛巾，供客人食用之后使用。

(5) 上茶水，去除油腻或腥气的感觉。

(6) 撤餐具，还给客人一个整洁的用餐环境。

7. 主宾桌上菜

规格较高的宴会，主宾席上一般都采用单吃的方法上菜。主宾桌上菜的基本方法是从客人右手侧撤下前一道菜的餐盘，然后用托盘端上相应数量的菜点，在客人的右手侧，将右腿伸入两把椅子之间的空当，用右手端起菜盘，轻稳地放在客人面前，上菜的过程中，端托盘的左手要向外伸出，并注意保持身体平衡。

（五）上菜要领

(1) 仔细核对桌号牌、品名和分量，避免上错菜。

(2) 主冷菜，如拼盘、工艺冷菜，应摆在餐桌中央。摆花式拼盘时，要根据拼图形状，将正面朝向主人。其他冷菜对称摆在主冷菜周围，摆放时注意荤素、颜色、口味的搭配和间隔，盘与盘之间的距离相等。

(3) 菜要一道道趁热上，厨房出菜时一定要在菜盘上加盖，菜上好后取走空菜盘。

(4) 上菜时要报菜名，特色菜肴应做简单介绍；每上一道菜后退一步站好并向客人介绍菜名和风味特点。在介绍前，将菜放在转台上，向客人展示菜的造型，使客人能领略到菜的色、香、味，边介绍边将转台旋转一圈，让所有的客人均可看清楚。介绍时表情要自然，吐字要清晰。如果客人有兴趣，则可介绍与地方名菜相关的民间故事，有些特殊的菜应介绍食用方法。

(5) 大圆桌上菜时，应将刚上的菜肴用转盘转至主宾面前。

(6) 如果热菜是鸡、鸭、鹅、鱼等带头尾的菜肴，应根据当地的上菜习惯摆放。

(7) 配有佐料的菜肴要一次上齐，切勿遗漏。在上菜时可略做说明，如需配好佐料分给客人的，应事先征求意见，然后再操作。

(8) 每上一道菜肴前，应先撤掉上一道菜的菜盘，撤盘前应先征求客人意见，若余菜较多，则将此菜盘从桌中央移向副主人一侧。

(9) 各种菜肴要对称摆放，须讲究造型艺术。菜盘的摆放形状，一般是两个菜可并排摆成“横”字形；一菜一汤可摆成竖“一”字形，汤在前，菜在后；两菜一汤或三个菜，可摆成“品”字形，汤在中间，菜在下；三菜一汤可以为圆心，菜沿汤内边摆成半圆形；四菜一汤，汤放中间，菜摆在四周；五菜一汤，以汤为圆心摆成梅花形；五菜以上都以汤或头菜或大拼盘为圆心，摆成圆形。

(10)整理台面，留出空间，如果满桌，可大盘换小盘、合并或帮助分菜，餐桌上严禁盘子叠盘子。

(11)在中餐服务中“右上右撤”，这样做既方便操作，又合乎各国餐饮服务的惯例。

(12)派送菜肴应从主宾右侧送上，依次按顺时针方向绕台进行。

上菜服务如图 9-1 所示。

▲图 9-1 上菜服务

菜肴服务

(13)上菜时应把菜盘端平、端稳，汤汁多的菜，注意不要让汤汁荡出滴洒到客人身上、桌面或地面上。如果不慎将汤汁洒在客人的身上，要立刻表示歉意：“对不起，给您添麻烦了。”并用毛巾为其擦拭干净，如是女宾，男服务员则不应动手去擦拭。

(14)把菜点端至准备上菜的方位后，一定不要匆忙上菜，要使坐席上的客人意识到服务员要从这个位置上菜后再端上，不然这时客人忽然动作或与邻座说话，就有可能将菜盘碰翻。

(15)在往桌上上菜时，胳膊的伸出或收回要小心，不要使胳膊肘碰到客人或使袖口擦到菜点上及挂倒桌面的东西。

(16)上下一道菜品时，将前一道菜移到其他位置，将新菜放在主宾面前，残菜应随时撤下，但不要撤得太多，菜盘应及时调整，注意盘与盘之间的距离，保持桌面整洁、美观。

(17)上不同大类的菜肴之间，要更换相应的骨碟、汤碗等餐具及配料，递送小毛巾和洗手盅、牙签等物品。

(18)上汤汁或不便用筷子夹起的菜时则应上小碟并配小勺。如果上需要用手直接拿取食品的菜点，如烤鸭、手抓羊肉、烤全羊，要先在右侧上毛巾供客人擦手。

知识链接

特殊菜肴上菜方法

(1) 易变形的炸、炒菜，一出锅即须立即端上餐桌，上菜时要轻稳，以保持菜的形状和风味。

(2) 锅巴海参、锅巴虾仁、锅巴肉片等菜肴，一出锅就要以最快的速度端上餐台，随即把汤汁浇在锅巴上，使之发出响声。浇汁动作要连贯，不能耽搁，否则，此菜将失去应有的效果。

(3) 原盅炖品(如冬瓜)，要在端上台后当着客人的面启封，以保持炖品的原味，并使香气在席上散发；揭盖时要转移开，以免汤水滴落在客人身上。

(4) 泥纸包、荷叶包菜肴，应先端上餐台让客人欣赏，再拿到边台上拆开或启封，以保持菜肴的香味和特色。

(5) 上拔丝菜时，要托热水上，即用汤碗盛装热水，将装有拔丝菜的盘子搁在汤碗上用托盘端送上席，并跟上凉开水数碗。托热水上拔丝菜，可防止糖汁凝固，保持拔丝菜的风味。

(6) 热菜跟佐料、小料的菜肴，佐料、小料应同热菜一起上齐，并在上菜时略做说明。

(7) 生鲜火锅以四生火锅为例：

① 将火锅拿到工作台后，在上席前掀开火锅盖，再检查一下菜肴质量和卫生，然后用大汤瓢舀出适量的汤，盛于大汤碗，以防止上席后加主、配料时汤汁溅出。在四生火锅中稍许放一点料酒，轻轻晃动一下，使酒浸润碟底，以避免原料因干燥而粘在碟子上。这样做，上席后可顺利将原料拨进火锅。

② 将火锅盖好上桌。上桌时，火锅下要放一个盛水的盘子，以防止烤焦台布。上桌摆稳后，先点燃锅底的酒精炉，后将锅盖揭起来。揭盖时要轻轻掀起，在火锅上面将锅盖翻转，以防止锅盖的水珠滴到桌面上，并用另一只手接在锅盖下面拿出桌外。

③ 上四生碟。如果四生碟子是花色拼盘，须在上火锅前摆在桌上展出。如果是一般的拼盘，在上桌时摆于火锅四周即可。

④ 加入四生原料。火锅的汤烧开后，先将配料(如白菜、粉丝)放进火锅，再按各主料烹熟所需时间长短，依次用筷子拨进火锅。难熟的先拨入，易熟的后拨入，随即用筷子搅散煮熟。

活动体验

1. 以小组为单位练习上菜服务。
2. 以小组为单位练习撤盘服务。

技能实训

实训内容	上菜服务		
实训目的	掌握上菜服务的技巧		
实训准备	餐盘		
实训方法	1. 学生观看上菜服务微课； 2. 教师示范讲授要点； 3. 学生分组练习		
实训考核（3分钟）			
项目	考核标准	分值	得分
顺序	上菜顺序正确	20	
上菜口	所有菜肴均从上菜口送上餐台	20	
摆放	菜肴的摆放位置、搭配和间距均匀合理	20	
展示	展示菜肴、报菜名、介绍菜肴，表达准确、自然大方	20	
征询	菜上齐后要告知客人，并询问是否还需加菜或需其他帮助	10	
综合评定	操作程序无遗漏、整体效果良好	10	
合　计		100	

任务二 分菜服务

中餐零点餐厅上菜时，如遇不方便客人取用的汤、炒饭、炒面和整形的鸡、鸭和鱼类等菜肴，应予以分菜。分菜服务既体现着餐厅服务员的服务态度，又能反映出餐厅的服务水平。

情境导入

悦格大饭店临湖中餐厅包房，李先生请了几位生意上的朋友吃饭，桌上山珍海味俱全，客人谈笑风生，频频举杯相敬，相谈甚欢。这时，厨房送上了海参汤。李先生要求小乐给客人进行分派，小乐在服务桌上为客人进行了分汤服务，再一一给客人送上，李先生非常满意。

任务学习

一、分菜前的准备工作

菜品端上餐台之前,看台的餐厅服务员要准备好分菜所用的各种餐具及用具。

1. 分菜餐具的准备

分炒菜前,应准备分菜所需相应数量的骨碟;分汤菜前,应准备分汤菜所需相应数量的汤碗与长把汤匙;分蟹类菜肴时,应按相应的人数准备好骨碟与蟹钳等。

2. 分菜工具的准备

分菜服务前,应将分菜所需的工具、用具准备齐全,如分菜所需的餐刀、餐叉、筷子、汤匙及垫盘、布巾等。

3. 菜肴展示

传菜员将菜由厨房送至前台后,值台服务员在分菜服务前,需将菜肴端至客人面前展示。同时,向客人介绍菜肴的特点、烹调方法等内容。待客人观赏后,进行分菜服务。展示菜肴时,服务员将菜肴的主看面朝向客人,利用转台的旋转,按顺时针方向徐徐转动餐台一周,再将菜肴分让给客人;如端托展示时,应用左手端托,右手扶托,将菜托至与餐台平行的高度,服务员站立的位置应是第一主宾或第一主人视线的最佳位置,同时又要照顾到其他客人的观赏,也可选在第一主人或第一客人斜对面进行菜肴展示。同时礼貌地说:"请稍等,我来为你们分一下这道菜。"然后再进行分派。

二、分菜工具及其使用方法

(1) 中餐宴会的分菜工具有分菜叉(服务叉)、分菜勺(服务勺)、公用勺、公用筷、长把汤勺等。

(2)服务叉、服务勺的用法。值台员用右手握住叉和勺的后部,勺心向上,叉的底部向勺心。在夹菜肴和点心时,主要依靠手指来控制。右食指插在叉柄和勺柄之间,与拇指配合捏住叉柄,其余三指控制勺柄。其中无名指和小指起稳定作用,中指内侧支撑勺柄中部。分带汁的菜时,用位置在下的勺盛汁(图 9–2、图 9–3)。

▲图 9–2 餐叉平放式

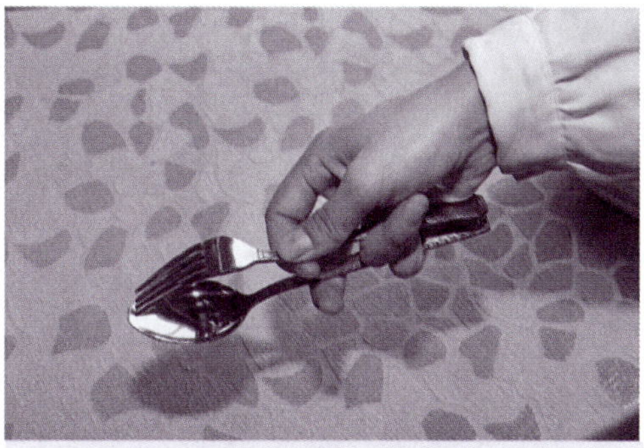

▲图 9–3 餐叉反扣式

(3)公用勺、公用筷的用法。值台员站在与主人位成 90° 的位置上,右手握公用筷,左手持公用勺,相互配合将菜肴分到客人的餐碟中。

(4)长把汤勺分汤菜,汤中有菜时还须用公筷配合操作。

三、分菜的顺序

(1)一般应先给主宾分让,然后给主人分让,接着再给其他客人依次分让。

(2)在餐饮服务中,如果站在客人右侧,则按顺时针方向操作;如果站在客人左侧,则按顺时针方向或逆时针方向操作均可。这样,既方便安全,还能给客人一种流畅、舒适的节奏感,切忌死板地按照一个模式操作。

四、分菜基本要求

(1)将菜点向客人展示并介绍菜名和特色后方可分让。大型宴会,各桌服务人员的传菜方法应一致。

(2)分菜时要心中有数,掌握好菜点数量,使每位客人都能均匀地分到一份。

(3)注意敬重主宾,把菜品优质的部分让给主宾。

(4)分让有卤汁的菜肴时要带些卤汁,但不要将卤汁弄出盘外或滴洒在客人身上。

(5)分菜时留意菜的质量和菜内有无异物,及时将不合标准的菜肴送回厨房更换。客人表示不要此菜,则不必勉强。此外须将带骨刺的菜肴,如鱼、鸡等的大骨剔除;头、尾、残骨等不分给客人。

(6)分菜、分汤操作时,叉勺不要在盘上刮出响声。不洒不溢、不溅不淋、不刮不磕、不粘手、不探头、不压迫靠近客人、不打喷嚏、不走神。

(7)凡配有佐料的菜,在分派时要先(夹)上佐料,再分到餐碟里。

(8)在分汤后为客人更换一次新餐巾,分菜的托盘既要美观又要干净,不可将菜汁滴落在盘边。

(9)分菜时,动作要协调利落,在保证分菜质量的前提下,以最快的速度,在最短的时间内完成分菜工作。

(10)分菜、分汤要一勺准,一般的汤、菜碗或碟不要添置多次,一次或两次盛至标准的量,一般为七八分满;不能将一勺汤分给两位客人。

五、分菜方法

(一) 分叉分勺派菜法

(1)核对菜品,双手将菜肴端至转盘上,报菜名并对菜肴做简单介绍。

(2)等客人观赏后将菜肴取下,左手用餐巾托垫菜盘,右手拿分菜叉和分菜勺。

(3)站于客人左侧操作。

(4)操作时站立要稳,左腿在前,上身微前倾,身体不能倾斜或倚靠客人,脸斜侧与菜盘成一直线,腰部略弯。

(5)分菜时呼吸要均匀,回答客人问题时,头部不要距离客人太近。

(6)给每位客人分菜的数量、菜的色彩要搭配均匀。

(7)分菜时做到一勺准,可以一次性将菜肴全部分完,但有的地区要求分完后可略有盈余,并放置转盘上。

(二)餐桌分菜

餐桌分菜是服务员将菜肴先上至餐桌上,向客人介绍、观赏后,服务员站在主人右侧的翻译和陪同之间,在客人的注视下将菜肴一一分给每位在座的客人。这种方法可由一位服务员操作,也可由两位服务员配合操作。

1. 一位服务员操作

(1)提前将与客人人数相等的餐碟有秩序地摆放在转台上,并将分菜用具放在相应位置。

(2)核对菜名,双手将菜奉上,报菜名并对菜肴做简单介绍。

(3)右手持公筷,左手持长柄公勺,将上到餐台中央的热菜一一分到每个餐碟内。

(4)全部分完后,将分菜用具放在空菜盘内。

(5)迅速撤身,取托盘,从主宾右侧开始,撤出前一道菜的餐碟后,从转盘上取菜端给客人,依次按顺时针方向绕台进行。

(6)分菜完成后,将空盘和分菜用具一同撤下。

2. 两位服务员操作

(1)服务员站在主人右侧的翻译和陪同之间,右手持公筷,左手持长柄公勺。

(2)另一位服务员将每位客人的餐碟移至分菜值台员面前的转台上。

(3)负责分菜的服务员将上到餐桌中央的菜肴一一分到每个客人的餐碟内。

(4)再由另一位服务员将分好的盛有菜点的餐碟移送到每位客人的面前。

(三)旁桌式分菜

(1)在客人餐桌旁放置一辆服务车或服务桌,准备好干净的餐碟和分菜用具。

(2)核对菜名,双手将菜肴端至转盘上,报菜名并对菜肴做简单介绍。

(3)等客人观赏后,将菜肴取下放在服务车或服务单上分菜。

(4)分菜完成后,从主宾右侧开始,按顺时针方向将分好菜肴的餐碟送至每位就餐客人的面前。

(5)注意在旁桌上分菜时应面对客人,以便客人观赏。

(四)各客式分菜

(1)此种方法通用于汤类、羹类、炖品或高档宴会分菜。

(2)厨房工作人员根据客人人数在厨房内将汤、羹、冷菜或热菜等分成一人一份。

(3)由传菜员将分好每人一份的菜肴端至客人的餐台旁。

(4)值台员从主宾处开始,按顺时针方向从客人右侧将分好的菜肴送至每位客人面前。

六、分菜技巧

(一) 鸡、鸭等整形菜肴

服务员要先用刀叉剔去骨头;分让时需按鸡、鸭类菜肴的自身结构来分割及分派,要保持其形状完整和均匀。如鸭,先用公筷压住鸭身,用公用餐具将腿肉和鸭脯切扒成若干均匀的鸭块,再按宾主次序分派。鸭头、翅尾不分,留在碟上,由客人自行食用。

(二) 肘子菜肴

服务员用公筷压住肘子,用公用餐具将肘子切成若干块,再按宾主次序分派;每位客人碗或餐盘中的菜不宜过多,特别是女性;不同的客人尽量分的分量一样,以示一视同仁;盘中应该留下一部分菜,以备客人添加,也显示菜品分量充足。

(三) 蛋煎制品

服务员用公筷压住蛋饼,用餐刀或公勺将蛋饼扒成若干件,再按宾主次序分派。

(四) 拔丝甜菜

服务员分派时用公筷将甜菜一件件夹起,随即放在凉开水里浸一下再夹到客人盘碗里。分的动作要快,即上即拔,即浸即食,可以保证菜品的特点。

(五) 卷食菜肴

一般情况是由客人自己取拿卷食。如老人或儿童多的情况,则需要分菜服务。基本方法是服务员将吃碟摆放于菜肴的周围;放好铺卷的外层,逐一将被卷物放于铺卷的外层上;最后逐一卷上送到每位客人面前。

七、分菜服务

(一) 分鱼服务

分鱼服务是餐厅服务员应掌握的服务技巧之一。餐厅服务员要想做好分鱼服务,首先应掌握所分鱼的品种及其烹调方法,根据其不同的食用方法进行不同的分割派送。

1. 分鱼用具

餐厅常用的分鱼用具有鱼刀、鱼叉、鱼勺。分鱼配用的餐具应根据鱼的烹调方法而定,如分糖醋鱼时,因其焦酥,可带鱼骨分用,故而应配餐叉、餐勺;分干烧鱼、红烧鱼、清蒸鱼时,要将鱼骨、鱼肉分离,故而应配餐刀剔出鱼骨刺及切割鱼肉,配以餐叉、餐勺用于分鱼装碟。

2. 分鱼要求

餐厅服务员分鱼操作前,应先备好餐碟、刀、叉、勺,并将要拆分的整形鱼向客人进行展示。

展示的方法有两种：一种是端托式展示，即服务员用托盘将放有鱼的盘子托至客人面前，向客人介绍菜肴，并进行展示；另一种是餐桌展示，即将烹制好的鱼放在餐台上，服务员向客人介绍菜肴，客人观察鱼的形状，待向客人展示完毕，再进行分鱼服务。

3. 分鱼方法

分整鱼大体有两种方法：一是在餐台上分，即餐厅服务员向客人展示完后，将鱼转至餐厅服务员处，使鱼头朝右、尾朝左，鱼腹朝向桌边，当着客人的面，将鱼进行拆分；二是餐厅服务员向客人展示完鱼后，将鱼拿到接手台或配餐室进行分鱼。

餐厅服务员在为客人提供分鱼服务时，要求餐刀、叉、勺使用手法得当，在操作中不发出大的声响；做到汤汁不滴不洒，盛器四周清洁卫生；操作时，动作要干净利落；鱼骨剔出后头尾相连、完整不断，鱼肉去骨后完整美观；分鱼装碟时要均匀。

4. 分鱼步骤

由于鱼的品种不同和烹调方法不同，因此分鱼的具体步骤也各不相同。

(1) 糖醋鱼的分鱼步骤。在分糖醋鱼（图 9–4）时，服务员左手握餐勺压在鱼头处，右手拿餐叉从鱼腹两侧将鱼肉切离鱼骨。糖醋鱼较焦脆，在操作时要用力得当，鱼肉切开后，将鱼块分装至餐碟中，并用餐勺盛糖醋汁浇于鱼块上，便可分送给客人食用。分糖醋鱼时，要速度快，因为它属火候菜，如时间过长，会影响菜肴的口感。

(2) 清蒸鱼的分鱼步骤。在分清蒸鱼（图 9–5）时，左手握餐叉将鱼头固定，右手用餐刀从鱼中骨由头顺切至鱼尾，然后将切开的鱼肉分向两侧脱离鱼骨，待鱼骨露出后，将餐刀横于鱼骨与鱼肉之间，刀刃向鱼头，由鱼尾向鱼头处将鱼骨与鱼肉切开，当骨、肉分离后，用刀、叉轻轻将鱼骨托起放于鱼盘靠桌心一侧的盘边处，再将上片鱼肉与下片鱼肉吻合，使之仍呈一无头尾的整鱼状，同时餐叉与餐刀配合，将鱼肉切成均匀等份，并用餐叉、餐勺将鱼肉分别盛于餐碟中送与客人。分干烧鱼、油浸鱼与分清蒸鱼步骤相同。

(3) 食鳞鱼的分鱼步骤。在分食鳞鱼时，服务员先将鱼身上的鳞轻轻剥离鱼身放置鱼盘一侧，然后与分清蒸鱼步骤相同。在向各个餐碟内分装鱼肉时，将鱼鳞也等份地分装于这些餐碟中，送与客人一同食用。因细鱼在制作时，每片鳞下边都有油脂，故而其鳞不可去掉，待其制熟后，其鳞片上的油脂食用时味道十分鲜美。

▲图 9–4　糖醋鱼

▲图 9–5　清蒸鱼

（二）分汤服务

(1)准备分汤用具。汤碗、汤勺。

(2)展示汤。将汤放在转台上，按顺时针方向旋转一圈向客人展示。

(3)分汤

① 汤与原料有明显区分时，先将盛器内的汤分盛进客人的碗内，然后再将汤中的原料均匀地分入客人的汤碗中；或者反过来先将盛器里原料均匀地分到汤碗中，再将汤分到汤碗中。两种方法各有所长，视不同的汤类而定。

② 汤与原料没有明显区分时，一次性将汤分到汤碗中即可。

③ 从主宾位开始分汤，站在客人的左侧，再按顺时针方向依次为客人分让。

④ 如果原料为整体的，如整鸡、整鸭，可以在餐桌，也可以在服务台先将其分割好，再进行分汤。

⑤ 分配分量均匀，以八分满为宜，做到汤汁不滴洒。

活动体验

1. 用分叉分勺法练习夹花生米。

2. 练习各种分汤服务。

技能实训

实训内容	分菜服务		
实训目的	掌握分叉分勺分派服务的技巧		
实训准备	餐盘、叉、勺		
实训方法	1．学生观看分菜服务微课； 2．教师示范讲授要点； 3．学生分组练习		
实训考核（3分钟）			
项目	考核标准	分值	得分
程序	服务程序无遗漏	20	
动作	叉、勺拿取方法正确	20	
速度	操作熟练	20	
分派	菜肴分派分量均匀	20	
综合评定	操作程序无遗漏、整体效果良好	20	
合　　计		100	

项目十

结账服务

中餐服务的最后一个重要环节就是结账服务，结账服务直接关系到餐厅或饭店的经济效益，中餐服务员应熟练掌握饭店餐厅结账服务的具体方式和规范程序，为客人提供优质的服务，为餐厅获取良好的效益。

饭店中餐厅常见的结账方式有移动支付、现金结账、信用卡结账、签单结账等。服务员要按照客人习惯的方式结账，账单在呈送客人前应准确无误。

项目目标

- 掌握结账服务的程序。
- 熟悉不同的结账方式以及细节要求。
- 了解结账服务的相关知识。

任务一 移动支付服务

移动支付指使用普通或智能手机完成支付或者确认支付，而不是用现金、银行卡或者支票支付。移动支付是互联网时代一种新型的支付方式，其以移动终端为中心，通过移动终端对所购买的产品进行结算支付，移动支付的主要表现形式为手机支付。

情境导入

正逢周末，饭店临湖中餐厅的生意特别红火，临近晚上10点依然十分热闹，实习生小乐负责的区域里有一桌客人似乎是朋友相聚，吃得十分开心。就餐结束后，其中一位客人冲小乐招了招手表示要用支付宝结账，小乐立刻到服务台取来客人的账单递送给这位客人，并请客人仔细核查账单，按照流程为客人进行了支付宝结账。

任务学习

移动支付是一种便捷、快速的支付手段，能够克服地域、距离、网点、时间的限制，极大地提高交易效率，为餐厅和客人提供方便。也因为手机的特性，内含更多创新服务。如“当面付”“二维码支付”等。移动支付服务具体操作流程如下：

一、取账单并请客人核查

当客人示意结账时，服务员应立刻取来客人账单并递送给客人（图 10–1）。服务员应走到客人右侧，打开账单夹，双手递送，右手持账单夹上端，左手轻托账单夹下端，递至客人面前，请客人核查账单信息，并微笑着对客人说："这是您的账单，请过目。"

▲图 10-1 核对账单

二、确认客人付款方式

当客人检查账单完毕，服务员应礼貌询问客人使用何种移动支付方式，当客人表示使用支付宝或微信付款时，请客人打开手机，出示付款二维码，服务员用扫码枪进行扫码。客人也可以使用手机人扫一扫功能，扫描商家的二维码。最后输入付款金额，点击付款即可。在客人输入密码时，餐厅服务员应避免让客人产生偷窥的感觉，应有意将视线避开客人密码输入的过程。

三、向客人礼貌致谢

客人结账完成后，客人手机会收到短信提醒，说明交易成功，服务员应向客人表示真诚的感谢。

知识链接

账单更改服务流程

客人在餐厅消费过程中，会由于各种原因更改菜品，包括加菜、换菜以及退菜等。

1. 加菜服务

当客人要求增加菜品时，餐厅服务员应及时通知收银员，收银员则应拿出客人账单和点菜单，加注客人要求增加的菜品名称数量和单价等信息。同时，开具一份加菜单，让服务员送至厨房，加菜单上也应该包括台号、所加菜品名称、数量等信息。使用餐饮点菜系统，则直接通过系统传输至厨房区域。

2. 换菜服务

当客人所点菜品由于缺少材料而无法制作完成,或者客人所点的菜品厨房尚未开始制作时,可以允许客人更换所点菜品。除此以外,当菜单已经交到厨房以后,未经餐厅管理者的批准,服务员无权允许客人换菜。

若由于各种原因同意客人换菜后,服务员应及时通知收银员,收银员应拿出客人账单和菜单,划掉不要的菜品,并注明替代菜品的名称和价格,并开出换菜单,由餐厅服务员送至厨房制作。使用餐饮点菜系统,则直接通过系统传输至厨房区域。

3. 退菜服务

当客人所点菜品由于各种原因无法制作时,餐厅服务员可以在管理人员同意的情况下,为客人提供退菜服务,并及时通知收银员。收银员要开具一式两份的退菜单,一份贴于客人账单的背面,另一份让服务员交至厨房。使用餐饮点菜系统,则直接通过系统传输至厨房区域。

活动体验

以小组为单位,每个组员分别扮演餐厅员工与客人,模拟移动支付服务。

技能实训

实训内容	移动支付服务		
实训目的	掌握移动支付服务的流程		
实训准备	模拟餐厅、餐厅账单、手机等		
实训方法	1. 学生观看移动支付微课; 2. 教师示范讲授要点; 3. 学生分组练习		
实训考核(5分钟)			
项目	考核标准	分值	得分
递送账单	仔细核对账单	2	
	递送准确	2	

续表

实训考核（5分钟）			
项目	考核标准	分值	得分
移动支付	礼貌致谢	2	
	扫描二维码	2	
	办理结账手续	2	
合　计		10	

任务二 其他结账服务

餐厅其他结账服务通常包括现金结账、信用卡结账和签单结账服务，结账方式和要求也有所差别。

情境导入

每逢七夕情人节期间，饭店中餐厅总是推出一些温馨的套餐吸引客人前来消费，这次推出的"缘定今生"情人节海鲜套餐，以其美味的菜肴和浪漫的环境布置吸引了众多的年轻人。餐厅靠近落地窗的位置上坐了一对年轻人，边吃边聊，实习生小乐为他们提供着贴心的服务，热情关注而尽量不打扰客人。陆陆续续，客人开始结账了，这对年轻人也冲小乐招了招手，示意结账，小乐迅速到收银台为客人取来账单，并礼貌地对客人说："您好先生，这是您的账单。"那位先生看了一眼账单，然后说："刷卡行吗？"小乐微笑着说："当然可以，请问您是哪家银行的信用卡？"这位先生掏出一张借记卡说："这个可以吗？"小乐说："当然可以，只是需要麻烦您一起去收银台，因为借记卡是需要输入密码的。可以吗？"这位先生欣然站起身，说："没问题。"然后与小乐一起走向收银台。

任务学习

一、现金结账服务

（一）礼貌服务

账单应放在账单夹或者收银盘内，高星级饭店使用高档真皮的账单夹比较多。如果使用账单夹应将账单端正地放于账单夹内，走到主人右侧，打开账单夹，右手持账单夹的上端，左手轻托账单夹下端，身体略向前倾，迎至客人面前，请客人核对账单，并礼貌地对客人说："先生/女士，这是您的账单，请过目。"递送账单时，应尽量避免其他客人看到账单。只有当客人要求报出消费金额时，服务员才轻声报出数额。如果客人对账单有疑问，服务员要耐心解释。

（二）点清钱款

当客人使用现金付款时，服务员应在餐桌边当着客人的面点清钱款，但要注意礼貌，不能做出幅度很大的验钞动作，显示出对客人的不信任。

（三）迅速准确

请客人等候，将客人的账单及现金送交收银台。并仔细核对收银员找回的零钱及账单客人联或发票是否正确。服务员在客人右侧将账单客人联及所找零钱夹在账单夹内双手递给客人，礼貌致谢并提醒客人当面点清。现金结账注意唱收唱付。在客人确定所找钱数正确后，服务员致谢并迅速离开客人餐桌，以免打扰客人或有催赶客人之嫌。

二、信用卡结账服务

餐厅采用信用卡结账的方式对客人而言比较方便，但是必须把握信用卡结账的各个环节，确保客人消费钱款可以如期收回。

（一）取账单并请客人核查账单

在餐厅服务过程中，应特别关注客人的需求，当客人使用手势、动作或者语言要求结账时，服务人员应立刻领会，并上前委婉征询客人意见，不可有催促客人之嫌。客人明确示意结账时，员工应立刻前往收银台取来客人的账单，并使用账单夹，以体现对客人的尊重。

在递送账单给客人时，应走到客人右侧，打开账单夹，双手递送，右手持账单夹上端，左手轻托账单夹下端，递至客人面前，请客人核查账单信息，并微笑着对客人说："这是您的账单，请过目。"

（二）查验信用卡并交收银台

客人使用信用卡结账时，服务员应双手接过客人的信用卡，并进行初步查验，包括信用卡是否是本餐厅接受的信用卡种类、有效期、持卡人姓名等。如发现信用卡非本餐厅接受的信用卡种类，应立刻礼貌地跟客人说明，并建议客人更换本餐厅可用的信用卡或采用其他结账方式。如无问题，则应向客人致谢并请客人稍候，迅速将账单和信用卡等送至收银台。

（三）再次核对信用卡并压印签购单

收银员应再次核对信用卡的有效期、持卡人姓名等信息，并核对信用卡公司的注销名单等，确认无误之后，使用POS机刷卡办理结账手续，并压印签购单。将制作完成的签购单、账单、信用卡等一起交给餐厅服务员。

（四）请客人核对签购单并签名

餐厅服务员应将签购单、账单拿给客人，请客人确认金额无误后在签购单和账单上签字认可。服务过程中应注意礼貌用语，并准备好请客人签字用的笔。

（五）核对客人签名

服务员核对客人的签名与信用卡背面的签名相符后，才可将信用卡和签购单客人联一起交还给客人，并礼貌致谢。然后将余下账单联和信用卡签购单据如数交收银台。若发现客人签名有疑问，则需要通过收银台与信用卡公司联系，进一步查验客人身份证件照片与持卡人相貌是否相符，确认没有问题才能将信用卡交还给客人。

（六）超过规定限额应取得授权

若客人账单消费总额超过规定的金额，还需要收银员及时与信用卡公司联系取得授权。

三、签单结账服务

除了住店客人可以在饭店餐厅进行签单以外，饭店通常还允许一些长期合作的协议单位在饭店餐厅进行签单消费，此类单位通常信誉良好，与饭店有长期业务往来，并与饭店签订签单结账协议，饭店可根据协议向这些单位进行定期的一次性结账。

餐厅签单服务一般流程如下：

（一）递送账单给客人

当客人用餐完毕示意结账时，服务员应迅速到收银台取来客人的账单，并认真核对无误后，将账单放入账单夹内，礼貌地递送给客人。在递送账单给客人时，应走到主人右侧，打开账单夹，双手递送，右手持账单夹上端，左手轻托账单夹下端，递至主人面前，请主人核查账单信息，并微笑着对客人说："这是您的账单，请过目。"

（二）客人出示签单凭证

当客人检查账单完毕，并提出签单要求时，服务员应礼貌地请客人出示签单凭证，一般住店客人需要出示欢迎卡或房卡，而协议单位客人则需出示协议签单证明。

（三）请客人签单

签单凭证查验无误后，服务员应立即用右手递上签字笔，并对客人说："先生/女士，麻烦您在这里签上姓名（房号）。"协议单位则应填清协议单位名称和消费者姓名。

（四）核对客人签名

客人签名后，服务员应仔细核对客人签名与签单凭证上的签名是否一致。并礼貌致谢，归还签单凭证，迅速将签字后的账单放入账单夹内递交收银台。

餐厅签单服务一般不开具发票，住店客人一般等客人离店时结清所有账目，一次性开具发票；协议单位则在定期结账时一次性结清账目，并开具发票。

除了上述现金结账、信用卡结账和签单结账外，饭店餐厅通常也会接受支票结账，包括旅行支票结账和转账支票结账等结账方式。

知识链接

送客服务注意事项

热情送客是礼貌服务的具体体现，不仅表示对客人的尊重，还体现餐厅服务的善始善终。送客时员工的态度和表现，直接反映出餐厅服务的水准和规范程度，体现出员工本身的文化素质和修养。因此，在送客服务中，服务员应做到礼貌热情如初、耐心周到始终，让客人感到满意。送客服务要点包括以下四个方面。

1. 不可催促客人离开

客人没有离开的意向时，绝不能催促或者暗示，切不可做出催促客人离开的举动。

2. 鼓励客人的环保行为

客人离开前，如有未吃完的菜肴，可主动征求客人意见，将食品打包，这是绿色饭店的环保趋势，并应使用环保材料打包。

3. 向客人致谢并提醒客人不要遗漏物品

客人结账后准备离开时，应主动为其拉开座椅，询问客人是否满意。真诚地向客人致谢，并提醒客人不要遗漏物品。

4. 礼貌道别

要礼貌地向客人道别，欢迎他们再次光临，面带微笑地注视客人离开，或亲自陪同客人到餐厅门口。重大餐饮活动的欢送要隆重、热烈，服务员可列队相送，使客人真正感受到服务的真诚和热情。

活动体验

以小组为单位，每个组员分别扮演餐厅员工与客人，模拟现金结账服务和信用卡结账服务。

技能实训

实训内容	现金结账服务
实训目的	掌握现金结账服务的流程
实训准备	模拟餐厅、餐厅账单、各种国际通用货币等

续表

实训方法	1. 学生观看现金结账服务微课； 2. 教师示范讲授要点； 3. 学生分组练习		
实训考核（5分钟）			
项目	考核标准	分值	得分
递送账单	仔细核对账单	2	
	递送准确	1	
清点账款	礼貌致谢	1	
	点清钱款	2	
	办理结账手续	1	
账款找零	仔细核对	1	
	提醒客人清点零钱	1	
	礼貌致谢	1	
合计		10	

实训内容	信用卡结账服务		
实训目的	掌握信用卡结账服务流程		
实训准备	模拟餐厅餐厅账单、各种国际通用货币、国内各大银行常用信用卡		
实训方法	1. 学生观看信用卡结账服务微课； 2. 教师示范讲授要点； 3. 学生分组练习		
实训考核（5分钟）			
项目	考核标准	分值	得分
递送账单请客人核查	使用账单夹	1	
	递送规范	1	
请客人在账单上签名	准备好客人签名用笔	1	
	及时递送	1	
初步查验客人信用卡	查验迅速准确	1	
	确认为本餐厅所接受信用卡	2	
送收银台压印签购单	操作熟练，动作规范	1	
送还客人信用卡、账单（发票），并请客人在签购单上签名	双手递送，准备好签字用笔	2	
合计		10	

附录

附录一

中餐常用术语（中英文对照）

A

a la carte	零点［法］
account	账目，算账
advanced deposit	预付押金
advanced	预付的，预支的
advisory	劝告的，顾问的，咨询的
after you	您先请
application	申请
appointment	约会，约定，预约
arrange	安排
arrival list	预抵客人名单
arrival	到达
at this moment	此刻
availability	有效，可利用性
available	可用的，在手边的，可利用的

B

babysitter	临时保姆
babysitting	托婴服务
bar	酒吧
barbecue	烤肉
be fond of	喜欢
bean curd	豆腐
black coffee	纯咖啡，黑咖啡，清咖啡
book	预订
buffet	自助餐
burn out	烧坏
by the way	顺便说，顺便问一下

C

cafeteria	自助餐厅
carpet	地毯

cart	手推车
cereal	麦片粥
check	检查、核对
chili	辣椒
chip	土豆片
coffee shop	咖啡厅
confirm	确认
congee	粥
consomme	清炖汤
contract	合同
convenience	方便
convention	会议，大会
cookie	饼干，小甜点
cooperate with	与……合作
credit card	信用卡
crisps	脆片

D

deliver	递送，传递
deposit	保证金；押金
desk lamp	台灯
dessert	餐后甜点
dial	拨号
diet	日常饮食
direct	引导，指示
discount	折扣，打折扣
domestic	国内的
double	两倍，两倍的
drawer	抽屉

E

emergency	紧急的，紧急情况
envelope	信封
environnment	环境，四周状况
exchange	交换，兑换
expect	期待，等待
experienced	经验丰富的

F

feature	特征，特点
fill out	填写
FIT (Foreign Independent Tourist)	散客
flake	小薄片
free-refilled	可免费续杯的
fresh	新鲜的

G

give me a hand	帮助
glow	炽热，光辉，热情，红光

H

half	一半，二分之一
host	东道主，主人
hostess	餐馆领座员

I

immediately	立即，马上
in all	总共，总计
individual	个别的
invitation card	邀请卡
invoice	发票
Irish Whiskey	爱尔兰威士忌
item	项目，条款

J

jade	玉器
jogging	慢跑

K

kung Pao Chicken	宫保鸡丁

L

label	标签，商标
leave a message	留言
lemon	柠檬
light	光，光亮，灯
look fordward to	期待做某事

M

main	主要的
make a copy of	复印
marmalade	果酱
mild	清淡的，不强烈的
minimum	最小值，最低限度
missing	丢失，遗漏

N

name badge	工牌
National Day	国庆日，国庆节
nationality	国籍
non–smoking area	无烟区

O

occupy	占用
offer	给予，提供
operator	操作员，话务员

P

pay in cash	现金结账
pay the bill	付账
peak season	旺季
pepper	胡椒
pie	馅饼
private	私人的，私有的
promote	宣传、推销、促进

Q

quality	品质

R

rate	价格，比率
reasonable	合理的，有道理的
receipt	收据，收条
recommend	建议，推荐
refill	再注满，替换物
release	放松，松开，发射，投掷
reservation	预订
reservationist	预订员

S

sauce	调味汁、酱汁
set menu	套餐
select	选择
separate	分开，隔开
separate room	包间
shoulder season	平季
sign contract	签订合同
sign the bill	签单
single	单一的

snack	点心，小吃
souvenir	纪念品
spill	溅出，溢出
steak	牛排
sundae	圣代

T

tariff	收费表
taste	味道，品味，味觉
T-bone steak	丁字牛排
term	条件，条款
tip	小费
tissue box	面巾盒
tray	盘，托盘
trolley	手推车

U

umbrella	雨伞
uniform	制服

V

valuables	贵重物品
vanilla	香草
voucher	凭单，凭证

W

wafer	薄酥饼，圣饼
waiting card	等候卡
wallet	皮夹，钱包
wash	洗涤，洗、洗刷
wedding banquet	婚宴

附录二

中餐常用岗位英语会话

一、餐饮预订（Making Reservations）

1. Good morning / afternoon/ evening, may I help you?
上午/下午/晚上好，我能为您做些什么？
2. May I have your name, please?
请问您贵姓？
3. When would you like your table?
您需要预订什么时间的餐位？
4. For what time / When? / What time will you arrive? / What time is it for?
您何时到达？
5. What kind of table would you like?
您需要什么类型的桌位？
6. Is there any place you would prefer to sit?
您更喜欢坐哪儿？
7. Would you like a table by the window?
您愿意坐到窗边吗？
8. Which do you prefer, a table in the dining hall or at the private room?
您是愿意坐大厅还是包间？
9. How many people are involved? How many people in your party?
你们一共多少人？
10. How about the non-smoking area?
无烟区可以吗？
11. May I have your name and telephone number?
我能留下您的姓名和电话号码吗？

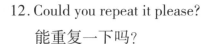

12. Could you repeat it please?

能重复一下吗?

13. I' m sorry we are fully booked today.

对不起，我们餐厅今天已经预订满了。

14. Thank you for calling, sir. We look forward to your visit.

谢谢您的电话，我们盼望着您的光临。

15. I' m afraid that we can only guarantee the table before 8:00 in the evening.

恐怕我们餐厅给您留座到晚上8:00。

二、接待客人（Receiving Guests）

1. Do you have a reservation, sir?

先生，您预订了吗?

2. A table for two?

请问是两位吗?

3. Would you mind sitting here?

坐在这里可以吗?

4. How about this table?

这张桌子可以吗?

5. Follow me, please.

请跟我来。

6. Would you like a drink before you order?

点菜前要不要喝点什么?

7. How many people will be in your party?

请问您一共有多少人来用餐?

8. This way please/Follow me, please.

请这边走/请跟我来。

10. Which do you prefer, by the window or near the door?

您是愿意靠窗户坐还是靠门坐呢?

11. Is this seat fine with you?

您对这个位置还满意吗?

12. Here is the menu, sir.

这是您的菜单，先生。

13. I' m sorry, sir, we don' t have a free table now, Would you like to have a drink in the bar?

We' ll call you as soon as possible.

对不起，先生，我们现在没有空餐桌，请您在酒吧稍等一会儿，好吗？有空桌，我们会立刻通知您。

14. I' m sorry to keep you waiting, sir.

先生，对不起，让您久等了。

15. If you need any help, please tell me.

如果您在用餐时有什么问题，请告诉我。

三、中餐服务（Chinese Guisine）

1. May I take your order? / Are you ready to order? / Would you like to order now?

我可以为您点菜了吗？/您准备好点菜了吗？/现在可以点菜了吗？

2. It is the specialty of our restaurant.

它是我们餐厅的特色菜。

3. Would you like something to drink?

要来点饮料吗？

4. Is everything to your satisfaction? / How do you like it?

饭菜可口吗？

5. May I repeat your order?

我可以重复一下您点的餐吗？

6. Here is your hot towel, sir.

先生，请用热毛巾。

7. Is there anything else that I can do for you?

请问还有什么我可以为您做的吗？

8. Would you like me to clear you table?

请问我能清理餐台吗？

9. What would you like to drink with your meal? Mineral water or fruit juice?

您要点饮料吗？矿泉水还是果汁？

10. Please take your seats. Here is your tea. Please take your time. I' ll call you as soon as the table is ready.

请坐，这是你们的茶，请慢用。一有餐桌我就来叫你们。

11. I' m terribly sorry for such a mistake, sir.

先生，实在对不起，我为我刚才的错误向您道歉。

12. Sorry, sir. I will bring you another one immediately.

先生，对不起，我马上给您换一盘。

13. I would like to apologize once again.

我再次向您道歉。

14. Would you like to have the bill now?

请问您现在结账吗？

15. Would you like to pay cash or by credit card?

请问您是付现金还是使用信用卡结账？

16. Would you like to pay together or seperately?

请问你们的分账单要合在一起吗？

17. Sorry, I will recalculate again.

对不起，我马上再重新算一遍。

18. Sorry, would you like to tell me your room number and offer your room card?

对不起，您能告诉我您的房间号并出示您的房卡吗？

19. Excuse me, sir, would you please sign your name here?

您好，请您在这签个名。

20. Thank you sir, we hope to see you again.

感谢您的光临，希望再次为您服务。

21. I'm glad you enjoyed your meal, Good bye.

很高兴您用餐愉快，再见。

四、宴会服务（Banquet Service）

1. If you need anything, please call me.

如果您有什么事，请随时叫我。

2. This is your last dish. Please enjoy it.

这是您的最后一道菜，请慢用。

3. May I change the plate for you?

我可以为您更换骨碟吗？

4. May I separate the fish for you?

我可以为您分一下鱼吗？

5. May I take the glass away?

我可以把这个杯子撤下吗？

6. May I put it into a smaller one?

我能把它放到小盘子里吗？

五、送餐服务（Room Service）

1. Room Service. May I help you?
   送餐服务，有什么可以帮您？
2. Would you please bring me some breakfast?
   请为我送一份早餐，好吗？
3. When would you like to enjoy your breakfast?
   您希望什么时候享用您的早餐？
4. For how many people, please?
   请问要几个人的送餐？
5. I would like some lunch now.
   我想现在进午餐。
6. Your food and drinks will be sent up in a few minutes.
   您要的食品和饮料过几分钟就会送上去。
7. I will bring it up right away.
   我马上把它送上来。
8. Room Service. May I come in?
   送餐服务，我能进来吗？
9. This is your check. It' s 558 RMB in total, plus 15% service charge.
   这是您的账单，共计558元，附加15%的服务费。
10. Please sign here and also sign the check here.
    请在这儿和账单上签名。
11. Thank you, enjoy your breakfast please, good-bye.
    谢谢，请慢用，再见。
12. After finishing your meal, please call me, and I will take away the trays and plates as soon as possible.
    当您用餐完毕，请找我，我会尽快来收回托盘和餐盘。
13. Is everything OK?
    一切还满意吗？

参考文献

[1] 滕宝红,李建华.收银人员技能手册[M].北京:人民邮电出版社,2009.
[2] 王丽梅,朱多生.餐厅服务技术[M].北京:中国纺织出版社,2009.
[3] 邓敏.餐饮服务与管理[M].广州:广东旅游出版社,2009.
[4] 王淑燕,李艳秀.收银人员岗位培训手册[M].北京:人民邮电出版社,2007.
[5] 姜松龄,祝宝钧.餐巾折花 200 例[M].杭州:浙江人民出版社,1995.
[6] 单慧芳.餐饮服务与管理[M].北京:中国铁道出版社,2008.
[7] 周丽勤.中餐服务[M].上海:格致出版社,上海人民出版社,2008.
[8] 饶雪梅.餐饮服务实训教程[M].北京:科学出版社,2007.
[9] 滕宝红.点菜员岗位作业手册[M].北京:人民邮电出版社,2008.
[10] 滕宝红.中餐服务员岗位作业手册[M].北京:人民邮电出版社,2008.
[11] 毛慎琦.餐饮服务技能实训[M].北京:机械工业出版社,2008.
[12] 宋春亭,李俊.中西餐饮服务实训教程[M].北京:机械工业出版社,2008.
[13] 吴吟颗.餐饮服务实训教程[M].北京:科学出版社,2007.
[14] 孔永生.餐饮细微服务[M].北京:中国旅游出版社,2007.
[15] 于英丽,李丽.餐厅服务技能实训教程[M].大连:东北财经大学出版社,2007.
[16] 向强.中餐服务[M].北京:中国人民大学出版社,2007.
[17] 王晞,牟红.旅游实用礼宾礼仪[M].重庆:重庆大学出版社,2002.
[18] 王桂云,刘伟.中餐服务读本[M].北京:清华大学出版社,2007.
[19] 陈树.餐饮服务员岗位职业技能培训教程[M].广州:广东经济出版社,2007.
[20] 于百战,邹军.餐饮服务员职业技能培训手册[M].广州:广东经济出版社,2008.
[21] 樊平,李琦.餐饮服务与管理[M]. 2 版.北京:高等教育出版社,2019.

郑重声明

防伪查询说明

学习卡账号使用说明

一、注册/登录

访问http://abook.hep.com.cn/sve，点击“注册”，在注册页面输入用户名、密码及常用的邮箱进行注册。已注册的用户直接输入用户名和密码登录即可进入“我的课程”页面。

二、课程绑定

点击“我的课程”页面右上方“绑定课程”，正确输入材料封底防伪标签上的20位密码，点击“确定”完成课程绑定。

三、访问课程

在“正在学习”列表中选择已绑定的课程，点击“进入课程”即可浏览或下载本书配套的课程资源。刚绑定的课程请在“申请学习”列表中选择相应课程并点击“进入课程”。

如有账号问题，请发邮件至：4a_admin_zz@pub.hep.cn。